사회과학은
처음입니다만

社会のしくみのかじり方

石川康宏 著

사회과학은
처음입니다만

이시카와 야스히로 지음 | 홍상현 옮김

나름북스

차례

II 사회는 어떻게 이루어져 있지?

마르크스의 눈으로 '오늘' 읽기

안녕하세요. 이시카와 야스히로입니다. 일본 고베여학원대학에서 경제학을 가르치고 있어요. 『사회과학은 처음입니다만』을 한국의 여러분께 소개하게 되어 정말 기쁩니다.

이 책은 이미 한국에서 출판된 『마르크스는 처음입니다만』의 자매편입니다. 『마르크스는 처음입니다만』이 카를 마르크스의 학문적 도달점을 알기 쉽게 소개했다면, 이 책은 '마르크스의 눈으로 읽는 오늘'에 대해 제 나름 콤팩트하게 써 본 겁니다. 물론 제가 살고 있는 일본 사회 고유의 문제도 있겠지만, 21세기 자본주의를 어떻게 파악해야 할지에 대해 이야기하는 까닭에 지금의 한국 사회를 분석하는 데도 도움이 되리라고 생각해요.

본문 내용보다 살짝 앞질러서, 오늘날 일본 사회가 안고 있는 큰 문제점에 대해 말씀드려 보겠습니다. 첫 번째로, 국민이 주권자라는 헌법 규정에도 불구하고 재계와 대기업이 경제·사회에 머무르지 않고, 여당과 정부에까지 강한 영향력을 지니는 사실상의 권력자가 되어 있지요. 돈의 힘으로 정치를 지배하고 있는 겁니다. 두 번째로, 국토 일부는 물론 상당히 넓은 공역을 미군이 좌지우지하며, 외교나 경제 정책에 있어서도 강한 영향력을 행사하는 대미 종속의 문제입니다. 일본은 1945년부터 1952년까지 미국에 군사적으로 점령됐는데, 2019년 현재도 130개가 넘는 미군기지에 5만 명의 미군이 주둔하고 있거든요. 그리고 마지막 세 번째가 정계와 언론계, 미디어 등에 그들 말로 "제국주의 시대 일본이 올바른 사회였다"고 주장하는 시대착오적 사상이 뿌리 깊게 남아 있는 현실입니다. 위안부 문제나 징용 문제와 관련해서 일본 정부가 성실히 대응하지 못하는 근본적인 이유가 바로 여기 있습니다.

저는 모든 인간의 존엄을 소중히 여기고 민주주의를 지키며 평화를 추구한다는 일본헌법의 이념을 대단히 중요하게 생각하며, 반드시 이에 성실히 임하는 정부를 만들고 싶습니다. 앞서 언급한 세 가지 문제는 이러한 방향성을 공유하는 사회운동의 가장 큰 과제이기도 합니다.

개인의 존엄·입헌주의를 지켜라

이 책이 일본에서 출간된 것은 2015년 7월 30일입니다. 그로부터 4년 가까이 지났네요. 그 사이 일본의 정치·사회에도 많은 변화가 일어났습니다. 어떤 것들인지 소개해 볼게요.

큰 변화 중 하나는 이 책을 낸 직후인 2015년 9월 19일, 국회에서 이른바 '안보법제'가 여당 등에 의해 강행 체결, "해외에서 전쟁하는 나라 만들기"를 향해 일본 정치가 한 발 내딛은 사건이었습니다. 이 법률은 반대하는 일본의 시민운동 진영에서 '전쟁법'이라고도 불렸습니다. 일본헌법은 일본의 "전쟁 포기"를 규정하고 있건만, '안보법제'로 해외에서 미국과의 공동 전쟁(일본을 지키기 위한 자위의 전쟁이 아닌)이 가능해진 겁니다. 이는 분명 헌법에 반하는 법률입니다. 이렇게 밀어붙인 '안보법제'와 헌법이 서로 어긋나 있는 문제 때문에 아베 신조를 수상으로 하는 일본 정부는 헌법의 "개정"(실제는 개악이죠)을 향해 돌진하고, 많은 시민이 저항의 목소리를 높이는 상황이 발생했습니다.

　이러한 시민적 저항에는 새로운 특징이 있습니다.

　그 하나는, 전후 일본의 호헌운동이 오랜 세월 "평화를 지키라"는 논점에만 한정되어 있었던 데 비해, 오늘날의 운동은 평화 추구 외에도 자유와 민주주의 등 일본헌법의 모든 가치있는 이념의 실현을 목표로 한다는 점입니다. 이를 상징하는 것이 "개인의 존엄을 지키라"는 슬로건입니다. 일본 시민의 한층 성숙된 인권의식이나 민주주의에 대한 감각이 반영된 것이라 하겠습니다.

　"개인의 존엄을 지키라"에서의 "개인"에는 젊은이·노인, 여성·남성, 성적 지향·정체성, 국적, 나고 자란 국가·지역, 그 외 어떤 개성의 차이에 의해서든, 그에 따라 인간의 가치에 차이를 두면 안 된다는 이해가 담겨 있습니다.

　아직 이런 사고방식이 일본 시민 전체의 자각적인 다수파가 된 건 아니지만, 이런 이념을 확실히 내걸고 전국적인 싸움이 이어지는 건 대단히 큰 변화입니다.

다른 하나는, 이런 시민운동이 사회 만들기의 방향을 공유하는 정당과 돈독히 유대하고, "시민·야당 연대"라는 정치를 바꾸는 새로운 투쟁의 스타일을 창출했다는 겁니다. 아베 정권을 쓰러뜨리자, 안보법제를 철폐해 입헌주의를 되찾자, 개인의 존엄을 지키는 정치를 진정성 있게 구현하자. 야당들이 이런 큰 방향성을 일치점으로 삼고 연대해 국정선거의 소선거구는 물론 각 지방선거에서 단일후보를 내기위해 노력하기에 이른 겁니다. 이러한 연대는 선거뿐만 아니라 국회 안에서의 연대, 시민운동 현장에서의 연대로까지 확산되고 있습니다.

야당에는 당연히 각각의 독자적인 사고방식이 있으므로, 서로의 불일치를 문제삼자면 끝이 없습니다. 하지만 이것을 이유로 뿔뿔이 흩어져 싸우기만 한다면, 언제까지나 정치를 바꿀 수 없겠죠. 바로 이 지점에서 시민운동이 연대를 위한 접착제가 되어, 각 야당에게 정책의 공통점을 찾기 위한 의사소통과 납득·응원할 수 있는 단일후보 선출, 그리고 공동선거 대응 태세 구축을 요구한 겁니다. 이는 시민이 정치가나 정당에 "부탁"하는 것에서 주권자의 의사에 따르라고 "요구"하는 것으로, 질적 차원에서 운동의 전환이 이뤄졌음을 의미합니다.

그 결과 2016년 참의원선거, 2018년 중의원선거라는 두 개의 큰 국정선거에서 지배세력의 공세를 물리침으로써 한 사람의 당선자만 배지를 달 수 있는 소선거구에서도 "시민·야당 연대" 세력이 의석을 늘려가기 시작했습니다.

지금은 2019년 7월 선거를 앞두고 야권의 정책 협의와 후보자 조정이 시급한 상황입니다. 이 책이 출판될 즈음이면 아마 선거 결과가 나왔을지도 모르겠네요. 저 개인적으로도 반드시 아베 정권의, 특히 헌법 "개정"을 향한 폭주에 제동을 걸고, 나아가 아베 정권 타도를 이끌어냈으면 합니다.

자본주의 발전단계론 재검토

일본의 정치가 이러한 변화를 보이는 한편, 요 4년 사이에 "사회구조"를 파악하는 제 생각에도 어느 정도 변화가 일어났습니다. 자유경쟁 단계에서부터 독점자본주의 단계로, 국가독점자본주의 단계라는 마르크스주의 경제학의 자본주의 발전론에 대한 의문이 깊어지면서, 이를 대체하는 자본주의 발전 방식을 탐구하게 됐다는 말입니다.

이러한 '발전론'의 원형을 만든 사람은 러시아혁명을 성공시킨 블라디미르 일리치 레닌(Vladimir Il'ich Lenin, 1870~1924)입니다. 그는 자본주의가 자유경쟁을 특징으로 하며, 뒤에 이어지는 사회주의는 완전한 계획화를 특징으로 한다고 생각했습니다. 그리고 사회주의를 위한 자본주의 발전의 가장 중요한 지표를 자본주의 내부에서 계획경제의 요소가 어떻게 형성되는가로 삼았습니다. 그렇게 거대 자본 사이의 협정=독점(독점자본주의)의 형성이나 제1차 세계대전에서의 국가에 의한 통제경제(국가독점자본주의) 형성을 자본주의 발전의 근본적인 전기로 보는 이론을 전개한 겁니다. 레닌은 독점이 자유경쟁과 공존하기 시작하는 독점자본주의를 "죽어가고 있는 자본주의"라 부르며, 나아가 국가가 계획경제의 중심에 서는 국가독점자본주의를 "사회주의의 입구"로 규정했습니다.

그러나 이후 100년의 역사를 돌아보면, 재계·대자본이 국가와 결탁해 자신의 이익을 계획적으로 추구해가는 국가독점자본주의는 "사회주의의 입구"는커녕 자본주의를 가장 빠르게 성장시키는 경제 형태였습니다. 게다가 "제국주의론"을 비롯한 레닌의 여러 연구를 아무리 읽어 봐도, 자유경쟁으로부터 계획으로 가는 변화(즉 자본관계의 변화)가 자본주의의 가장 본질적인 변화라는 이론적 근거는 전혀 찾아볼 수 없습니다. 그저 자유경쟁은 자본주의의 기본적 특질이며, 독점은 그 직접적인 대립물이라는 단정만 있을 뿐입니다.

마르크스의 발전단계론으로 돌아가서

이런 문제 제기를 하는 데 있어 큰 자극으로 작용한 것이, 그간 일본에서 이뤄진 마르크스 『자본론』 연구의 깊이였습니다. 자본주의는 생산력을 높이지만 결국은 노동자 착취에 따른 것이고, 이를 깨닫고 더 이상 견딜 수 없게 된 노동자가 직장에서의 결합과 훈련을 통해 힘을 길러 결국 사회혁명으로 나아간다. 오래전에는 자본주의에서 사회주의로 옮겨가는 『자본론』의 변혁론을 이런 형태로 이해했었죠.

하지만 최근 연구에서는 이 내용을 좀 더 깊게 파고들어 마르크스가 자본주의의 발전을, 자본의 생산력 발전과 더불어 자본에 의한 이윤제일주의의 폐해를 제어하는 법적

규제(노동조건 개선, 제조물에 대한 책임, 환경보호를 요구하는 입법 등)의 축적과 이러한 규제를 쟁취하는 노동자·시민의 싸우는 힘(사회를 제어하는 힘)의 발달을 중심으로 파악했다는 점이 밝혀졌습니다. 레닌은 자본주의 발전 기준을 자유경쟁으로부터 계획이라는 자본 간의 관계 변화로 봤지만, 마르크스는 자본주의적 생산관계의 핵심을 이루는 자본가와 노동자의 관계 변화에 주목한 겁니다. 거기에는 레닌이 마르크스로부터 물려받지 못한 이론의 문제가 있었습니다.

또 레닌은 자유경쟁에서 계획으로의 이동을 설명하면서, 마르크스의 혁명운동 동지이자 공동 연구자인 프리드리히 엥겔스의 『공상에서 과학으로』를 주장의 근거로 인용했습니다. 그런 의미에서 보면, 자본주의 경제 발전에 대한 마르크스와 엥겔스의 이해 차이도 하나의 중요한 논점이 될 수 있겠습니다.

제 나름의 해결은 다음 책에서

하지만 이 책에는 최근 일어난 이같은 제 생각의 변화는 명시적으로 포함되어 있지 않습니다. 입문서라는 책의 특성도 이유의 하나가 될 수 있겠지만, 더 큰 문제는 제 생각이 아직 문제 제기 차원을 넘어서지 않았다는 데 있어요. 제가 레닌의 발전단계론에 대한 비판적 검토를 발표한 것은 『게이자이』 2015년 1월호에 게재한 논문이 시작이었습니다. 이 글은 레닌의 이론과 현실적인 역사와의 차이, 또 이론의 구성에서 노출되는 약점과 마르크스 경제 이론 사이에서 보이는 차이를 지적했지만, 레닌의 이론을 대신할만한 새로운 발전단계론을 제기하는 건 아니었습니다.

이러한 상황을 극복하고 구체적인 현실 속에서 새로운 이론을 이끌어내기 위해 저는 다시금 (일본에 있어서의) 자본주의 형성과 발전의 역사에 대한 검토를 시작하고 있습니다. 앞으로 몇 년 뒤 여러분께 새로운 책을 전할 기회가 주어진다면, 제 나름의 자본주의 발전단계론이나 '지역'에 주목한 자본주의 발달사론을 조금 정리된 형태로 소개해드릴 수 있을 겁니다. 부디 그렇게 되기를 미래의 저 자신에게 기대하기도 하고요.

『마르크스는 처음입니다만』을 읽고 공부를 거듭해오신 한국의 독자 여러분 가운데 혹시 이 책에서 부족함을 느끼는 분도 계실지 몰라 제 근황도 전해드릴 겸 짧은 내용을 적어 보았습니다. 그러니 우선은 현시점의 최신 버전인 이시카와 야스히로의 『사회과학은 처음입니다만』을 부디 즐겁게 읽어주시면 감사하겠습니다.

2019년 6월

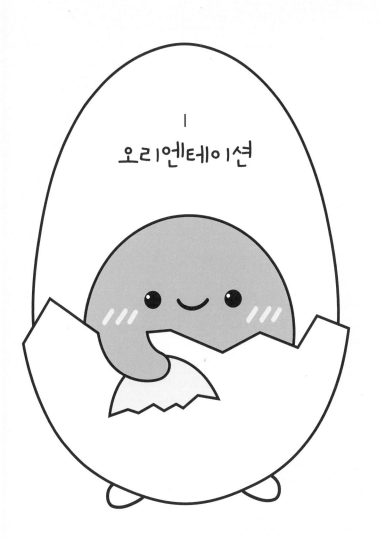

I
오리엔테이션

정치가 모지리 같은 건
국민이 모지리라서?!

영국에 "국민은 자기 수준 이상의 정치가를 선택할 수 없다"는 격언이 있다더군요. 간사이 지방에서 오랫동안 살고 있는 저는 이것을 "정치가 모지리 같은 건 국민이 모지리라서"라고 제멋대로 풀어 소개하고 있습니다.

그런데 요즘의 정치 현실을 보면 이 말이 무척 아프게 다가와요. 이 나라 정치가들은 분명 우리 유권자들이 선택한 사람들이거든요. "투표 같은 거 해 본 적 없다"는 사람이라도 질 나쁜 정치가의 등장에 제동을 걸지 않고 방치했다는 점에서는 똑같이 책임이 있습니다. '18세 선거권' 성립으로 2016년 여름 참의원선거에 240만 명의 새로운 유권자가 참여하게 됐으니, 아무쪼록 젊은이 여러분께서는 부디 '현명한 국민'이 되어주셨으면 좋겠습니다.

요즘 트위터에서 "정치에 무관심할 수는 있어도 정치와 무관하게 살 수는 없다"는 말이 돌고 있습니다. 이거야말로 명언 아닌가요? "그런 거 관심없다"고 코웃음치면 저 멀리 밀어낸 기분이 들지 몰라도, 결국 정치는 세금이라든가 노동조건, 학비, 육아, 때로는 월급에까지 크나큰 영향을 미치니까요. 밀어냈나 싶다가도 우리 생활에 부메랑으로 되돌아온다는 겁니다.

　　정치와 무관하게 지내고 싶어도 그럴 수 없듯이, 우리와 정치가 끊고 싶어도 끊을 수 없는 관계라면, 그 정치는 당연히 '나쁜 정치'보다 '좋은 정치', 우리에게 '차가운 정치'보다 '따뜻한 정치'인 편이 낫겠지요.

　　그러면 그런 정치는 어떻게 만들어가야 할까요? 학교 교육을 개선한다든가, 언론이 제대로 된 보도를 한다든가, 또 정치가들이 제대로 공부한다든가 등 여러 방법이 있겠지만, 그렇더라도 결국은 우리가 '어떤 정치를 원하는가', '누구를 선택할 것인가'가 모든 것을 결정할 수밖에 없습니다.

　　우리에게는 수많은 입후보자 가운데 '차가운 정치가'를 솎아내고 '따뜻한 정치가'를 골라낼 수 있는 눈이 필요합니다. 조금 번거롭다는 생각이 들지도 모르지만, 좋은 정치를 만드는 데에 가장 중요한 건 국민이 현명해지는 거니까요. 그런 의미에서 저는 "당신이 공부하면 사회가 바뀐다!"라는 말씀을 드리고 싶습니다.

시간은 없고
공부하기는 싫고

하지만 개중에는 사회에 대해 공부할 시간이 없다는 분이 계실지도 모르겠습니다. 그렇죠. 얼마나 바쁘십니까. 회사에서의 노동시간은 길고, 업무량도 많습니다. 파트타이머나 아르바이트는 시급이 적고요. 심지어 잔업수당과 야간·휴일 근무수당조차 제대로 나오지 않는 곳도 많아요. 물론 당연히 법률 위반입니다(요즘 잘 쓰는 표현으로 '블랙기업'*입니다만). 완전히 첩첩산중이라고나 할까요.

자영업을 하시는 분들도 힘들기는 마찬가지입니다. 봉급생활자들의 급여가 1997년을 정점으로 곤두박질쳐서 지갑이 굳게 닫혔기 때문이죠. 부모의 수입은 늘지 않았는데 학

*　　[여주] 주로 젊은 노동자에게 불법, 편법적으로 비상식적인 노동을 강요하는 악덕 기업을 일컫는 말이다.

비가 비싸지기만 한 탓에, 학생들도 아르바이트에 매여 지낼 수밖에 없습니다. 하루하루가 만만치 않지요.

그런데 이런 힘든 생활의 배후에 일본 사회만의 특수한 상황이 도사리고 있다는 걸 아시나요? 일본의 노동시간은 국제적인 기준에서 보더라도 긴 편입니다. 봉급생활자의 급여가 이렇게 오랫동안 오르지 않은 '선진국'도 일본뿐이고, 비싼 학비로도 거의 최고 수준이지요.

이는 모두 앞서 언급한 "정치와 무관하게 살 수 없다"는 말과 연관됩니다. 노동시간은 정치가 법률을 통해 조절하는 것이고, 급여가 오르지 않은 건 정규직 노동자를 마음대로 줄이기 위해 법률을 '개정'했기 때문이며, 학비가 어처구니없이 비싼 건 정부가 교육 예산에 인색하기 때문입니다. 유치원부터 대학원까지 아무리 사립학교라도 옛날에는 학비가 훨씬 쌌거든요. 나라의 장래를 위해 정부가 나름대로 '사학 조성'을 실시했었으니까요.[●]

이런 현실에서 어떻게든 하지 않으면 이 뒤죽박죽인 상황을 벗어날 수 없습니다. 같은 고통을 후배들, 자녀들, 심

● [역주] 중앙정부·지방자치단체가 실시하는 사립 교육시설 설치자·재학자 (재학자가 미성년자일 경우 보호자)에 대한 지원제도

지어 자손들까지 경험하게 될 테니까요. 생활이 워낙 힘들어 시간을 내기도 쉽지 않겠지만, 굴하지 않고 더 좋은 사회를 위해 다 같이 노력해야 하지 않을까요?

어쩌면 젊은 분들 중에는 학교 다닐 때 공부를 못했으니 이렇게 살아도 별 수 없다는 식으로 생각하는 경우도 많을지 모르지만, 이 또한 사회가 안고 있는 심각한 문제랍니다.

아이들은 초등학교에 입학하면서부터 성적을 의식할 수밖에 없는 환경에 놓입니다. 엄청난 스트레스죠. 제 아이의 경우를 이야기해 볼게요. 아이가 초등학교 3~4학년 무렵 설날에 함께 감귤을 먹으며 개그 프로그램을 보고 있었어요. 그런데 갑자기 '하아' 하고 한숨을 쉬더니 "나는 공부도 못하고…"라며 혼잣말을 하는 거예요. 당시 열 살도 안 된 어린아이가 설날의 여유를 즐기는 시간에조차 학교 성적에서 자유로울 수 없었다는 이야기입니다. 제 아이와 같은 기분으로 지내는 아이들이 지금도 전 세계에 수두룩하겠죠. 이건 어떻게 생각해도 아이들의 책임이 아닙니다. 아이들을 경쟁으로 몰아넣고 '뛰어난 아이'와 '그렇지 못한 아이'로 낙인찍는 어른들의 교육제도 때문이죠.

이와 비슷한 문제가 좀 더 자란 젊은 세대에도 일어납니다. '승자그룹', '패자그룹'으로 서로를 나누는 일이 그것인데요. 이 일이 젊은이들이 즐겨 보는 주간지에 자주 언급되기 시작한 것이 1990년대 후반부터입니다. "공부를 잘하는 너는 승자그룹", "수험경쟁에서 승리한 너는 승자그룹", "정규직으로 고용되지 못한 너는 패자그룹", "낮은 급여를 받는 너는 패자그룹", "결혼하지 못한 너는 패자그룹" 등 이는 모두 사회의 구조적인 결함을 개인의 책임인 것처럼 뒤집어씌우는 일입니다(이 또한 여전히 현재 진행형이죠).

이처럼 어릴 때부터 "안 된다", "안 된다" 하는 소리를 들으며 어른이 되면, 자신감을 갖기 힘들 수밖에 없어요. 이제는 직장생활을 하는 저의 세 아이도 그런 문제와 직면한 경험이 있고, 제가 근무하는 학교에도 그런 학생이 늘 일정한 비율로 존재합니다. 그들에게 제가 해주는 이야기는 두 가지입니다.

하나는, 애초부터 학교 성적만을 지표로 삼는 인간 평가의 기준 설정이 틀렸다는 겁니다. 주위 아이들을 깊이 배려하는 아이, 상상력이 풍부한 아이, 운동이 특기인 아이, 만들기 실력이 좋은 아이, 노래를 잘하는 아이, 놀이의 흐름을 이끌어갈 줄 아는 아이, 남의 말을 잘 들어주는 아이, 리코더를 잘 부는 아이 등 초등학교 생활을 조금만 생각해봐도 다들 나름의 실력을 갖추고 있지요. 그렇듯 다양한 면모를 지닌 게 인간인데, 그 안에서 학교 공부, 그것도 특정 과목 안에서 고작 몇 부분을 떼어 수치로 만든 점수만으로 인간 전체를 평가하려 하다니, 그야말로 잘못됐죠.

또 하나 제가 자주 이야기하는 건, 학습 능력이라고 해도 여러분이 평가받은 건 죄다 기억력에 관한 것이었다는 말입니다. 교과서나 선생님이 칠판에 적은 내용을 얼마나 머릿속에 집어넣었는지에 따라 '뛰어나다' 혹은 '그렇지 못하다'라는 평가를 받지 않았나요?

생각하는 힘과 관련해 본다면 어떨까요? 예컨대 제가 지도한 졸업생 중에는 몇 번이나 직장을 옮긴 친구라든가, 퇴사 후 육아 대책을 어느 정도 세운 뒤 다시 재취업한 친구(제 근무처는 여자대학입니다)가 무척 많습니다. 저마다 그때는 '이것이 최선'이라는 판단 아래 용기를 내어 각자의 길을 걸어갔을 겁니다. 사무직을 그만두고 창업한 친구도 있고요. 최근에는 가수로 데뷔해 음반을 낸 친구도 있어요. 그렇게 자신의 길을 선택하는 힘과 여기에 필요한 힘을 익히는 능력은 도대체 학교 교육의 어떤 부분을 통해 평가받을 수 있었을까요? 거의 아무런 평가를 받지 못했던 건 아닐까요?

따라서 지금까지의 짧은 경험만으로 나는 공부에 재능이

없으니까, 공부를 못하니까 하는 식으로 미리부터 결론지을 필요가 없습니다. 아직 평가받지 못한 능력, 또는 연마하지 못한 능력이, 특히 아직 젊은 여러분에게는 얼마든지 있으니까요(더욱이 베테랑이 되기에는 늦은 게 아닙니다. 베테랑이란 사회에 나가 생활하다 보면 어느 틈엔가 그 수준에 도달해 있음을 깨닫게 되는 법이니까요). 그러니 움츠러들지 말고 앞을 향해 나아갑시다.

자, 이제 가슴을 좀 펴 볼까 하는 생각이 드셨나요? 그럼 '사회에 대해 도대체 뭘 공부하면 좋을까'를 살펴보겠습니다.

　결론부터 말하면, 입구가 무엇이든 상관없습니다. 때때로 뉴스를 접하며 생각하는 '헌법을 고친다는 게 무슨 소리지?' 하는 의문이나 '이렇게 일을 많이 하는데 어째서 월급은 이것밖에 못 받을까?' 하는 의문, 혹은 '경제 대국이라면서 세계에서 학비가 제일 비싼 건 왜일까?' 하는 의문도 나쁘지 않습니다. 그것도 아니라면 '원전이 이렇게나 많은데 괜찮을까?'라든가 '소비세를 왜 10%나 올렸지?' 하는 의문처럼, 요컨대 지금 내 처지에서 관심이 가는 일이라면 뭐든지 상관없다는 이야기입니다.

　관심이 있다는 건 의외로 중요합니다. 나와 관련이 있다는 생각 때문에 관심도 생기는 거니까요. 이를테면 "메이지明治유신이란 건 말이지"라는 소리를 들을 때 '그딴 게 나랑 무슨 상관이람' 하는 생각이 들면서 공부할 의욕이 사라져 버리는 체험을 누구나 해 봤을 겁니다. 사실 메이지유신은 지금의 일본 사회와 깊이 연관되어 있지만요. 공부할 의욕을 지속시키는 데에는 '이 문제에 대한 내 나름의 답을 제시하고 싶다'는 절실한 마음이 필요합니다.

가령 직장을 옮길까 말까, 이 사람과 결혼할까 말까 같은 문제라면, 여러분 모두 절실히 고민할 수밖에 없지 않을까요? 자기 생활과 직결되는 문제니까요. '내 나름의 해답'을 제대로 끌어내려 하겠죠. 이런 경우와 마찬가지라는 겁니다.

또 하나, 사회를 공부하는 데 있어 중요한 건 나와 관계가 깊고 절실하며 관심이 가는 주제를 선택했을 때 그것을 얼마나 깊게 공부할 것인가 하는 점입니다. 쉽게 말하면, 뭔가에 대해 그저 책 한 권 읽고서는 '이제 다 알았다'라는 식으로 생각하면 안 된다는 말이에요. 똑같은 사건을 놓고도 서로 다른 의견이 얼마든지 있을 수 있으니까요. '블랙기업은 경영자가 나쁜 거야', '속는 사람도 문제가 있어', '소비세를 올리지 않으면 재정 적자가 날 거야', '아니지, 대기업의 법인세를 올려야 해', '노인들 이야기 백날 들어봤자지',

'하지만 청년도 결국 노인이 되는 걸' 등등.

TV 토론을 봐도 많은 사람이 다양한 의견을 내세우지요. 이것만 보더라도 한 권의 책이 이런 수많은 의견 중 하나에 불과하다는 걸 알 수 있습니다. 그러니 최소한 두 권 정도의 전혀 다른 시각으로 쓰인 책을 읽는 것으로 사회에 대한 공부를 시작할 필요가 있겠죠.

하지만 이런 이야기를 하면, 그럼 그 두 가지 시각 중 어느 쪽을 믿어야 하냐고 묻는 분도 계실 겁니다. 실은 우리 학교 신입생들에게 자주 듣는 이야기인데요. 제 대답은 "믿는다느니 그런 소리 하면 안 돼요"입니다. 자신이 이쪽을 믿는다고 해도 막상 진짜 사회의 모습은 전혀 다를 수 있으니까요. 그래서 "믿는 게 아니라 사실에 따라 판단하는 거예요"라고 말해줍니다.

내가 이 사람과 결혼해도 좋을까라는 큰 문제와 맞닥뜨린 상황에서, 어머니는 "그 사람 괜찮더라"라고 하고, 아버지는 "그 사람은 안 된다"라고 하면, '어느 쪽을 믿을 것인지'에 따라 결정을 내리진 않잖아요. 두 분의 말씀을 잘 들어 보고 상대를 관찰하는 한편, 미래의 일까지 생각한 뒤에 마지막으로 '스스로 판단'을 내려야겠죠.

그래도 두 권의 책이 전혀 다른 이야기를 한다면, 도대

제 무엇을 기준으로 판단하면 좋을까요? 우선 중요한 것은 그 주제에 대해 제대로 아는 겁니다. 앞서 말한 결혼을 예로 들면, 결혼을 생각하고 있는 '상대'를 제대로 아는 것이겠죠. 그런 연후에 한 가지 더 중요한 점은, 그 상대가 나와 어울리는지 생각하기 위해 판단 기준을 어떻게 정할까 하는 겁니다. 경제력은 있을까, 상냥할까, 아이를 좋아할까, 가족 구성은 어떻게 될까, 전근을 가게 될까, 내 일을 계속할 수 있을까 같은 기준이요.

여기에 중량감을 더해주는 것이 '앞선 사람들의 지혜'입니다. 지금껏 몇만 년에 걸쳐 지속해온 우리 인간 사회에는 '사회란 무엇인가'를 엄청나게 조사해 많은 걸 밝혀낸 선현들이 있습니다. 우리가 사는 '자본주의 사회'에 대해서도 수많은 분이 연구했죠. 이런 분들의 지혜를 간결하게 정리한 것이 이른바 '기초 이론'입니다.

기초 이론의 안내를 참고로 서로 다른 두 권의 책을 눈앞의 현실과 대조하며 어떤 책이 더 '진짜'에 가까운지 진중하게 찾아내는 것, 이것이 다름 아닌 공부하고 사고하는 일입니다.

답답하신가요? 하지만 재미있을 것 같지 않나요? "얼른 답을 가르쳐줘"라며 다그칠 일이 아니에요. 결혼 상대에 대한 답을 찾아내는 건 본인이니까요. 어떤 문제에 대해 자기 나름의 답을 내놓을 수 있게 됐다면, 당신은 지적으로 한 단계 더 성장한 겁니다. 이는 분명 여러분 삶의 방식에 조금의 자신감을 더해줄 겁니다.

인권,
그리고 나라

사회의 기초 이론을 공부하면 무엇이 보일까요?

예를 들어 보겠습니다. 우선 '인권'에 대한 기초 이론을 살펴봅시다.

"인권론이란, 사람은 모두 평등하다는 허울뿐인 이론이잖아요. 그런 걸 공부해도 실제 사회생활에서는 도움이 되지 않는다고요!"

음, 충분히 나올 법한 반응이죠? '실제 사회'에서는 정말 '인권'이 그저 허울에 불과한 경우도 많으니까요. 그런데 잠깐만요. 물론 세상에는 인권을 소중히 하는 나라도, 전혀 그렇지 않은 나라도 있습니다. 하지만 그 차이는 어디에서 비롯되는 걸까요? 또 원래 존재하지 않던 '인권'이라는 말을 인간 사회가 생각하게 된 계기와, 이 말이 세계로 퍼지게 한 힘은 무엇이었을까요? 일본에도 인권이 그 무엇보다 소중하게 여겨지는 날이 올까요? 이런 '애초부터 당연한 이야기'를 알아두는 건 눈앞의 구체적인 문제를 판단할 때 소중한 기준이 된답니다. 손쉽게 해답을 구하려 할 게 아니라 자신의 판단력을 연마해야겠죠. 그러니까 우리 조금만 더 같이 생각해 보자고요.

역사를 조금 거슬러 올라가 보겠습니다. 현재 우리는 자본주의 시대를 살아가고 있습니다. 이 자본주의 사회의 계기가 된 정치혁명이 부르주아혁명이라는 것입니다. 대표적으로 자주 언급되는 것이 1789년의 프랑스혁명이니, 대략 200년도 넘었죠.

프랑스혁명에서는 이전의 왕정을 쓰러뜨리고 국민이 직접 대표자를 선택하는 의회제로의 전환이 큰 과제였습니다. 이러한 시도를 뒷받침한 사상이 '인권' 사상이었던 겁니다. 토머스 홉스(Thomas Hobbes, 1588~1679), 존 로크(John Locke, 1632~1704), 장 자크 루소(Jean Jacques Rousseau, 1712~1778) 같은 사람들의 이름을 들어보셨을 겁니다. 이들의 사상에는 시대적 한계야 있지만, 하나같이 '국가는 오직 시민과의 사회계약하에서만 정당한 것으로 간주할 수 있다', '사람은 누구나 태어날 때부터 평등하다' 등의 내용이 담겨 있습니다. 왕의 자식으로 태어나면 왕이 되고, 농민의 자식으로 태어나면 농민이 되던 것처럼, 사람의 미래가 태어난 순간 결정되는 신분제 사회를 끝내고, '모두가 평등한' 사회로 가자는 말이었죠.

이 혁명의 결과(오락가락하며 복잡한 과정을 거쳤지만) 미국 독립선언, 프랑스 인권신언 등으로 대표되는 '인권을 지키는 국가'의 목표가 세상에 태어났습니다. 이것이 바로 오늘날 이야기하는 헌법입니다. 요즘 일본 사회에 화제가 되고 있는 바로 그 헌법이라는 것이 이때부터 시작되었습니다.

다시 말해 헌법이란 '신분제를 끝내자', '사람은 모두 평등하다'라는 이상을 내걸고 혁명한 사람들이 그로 인해 성립된 국가 권력에 '이런 혁명의 이상을 실행하라'고 주문하는 내용을 담은 것이었습니다. 이것이 입헌주의라고 불리는 원칙입니다. 우선 모든 사람의 '인권'을 지키는 국가를 만들고자 혁명이 일어나고, 그 목적을 새로운 국가를 통해 이뤄내기 위해 헌법을 만든 겁니다.

이야기를 늘어놓다 보니 헌법의 기초 이론에 관해 설명하게 되었네요.

당시 사람들이 내걸었던 인권은 기본적으로 '자유권'이라 불리는 형태의 것이었습니다. 신분제와 신분제 국가에 의해 구속받지 않는 자유 말이죠. 예컨대 직업 선택의 자유, 사는 곳을 마음대로 이동할 자유, 왕이라는 존재에 지배받지 않는 사상·신조의 자유, 자신의 의견을 말하기 위한 집회·결사의 자유 등이 여기 해당합니다.

하지만 이는 국민에게 모든 것을 할 수 있는 자유를 부여하는 게 아니었습니다. 부르주아혁명은 자본주의 경제에 길을 열어줬지만, 그 안에서의 '경제활동의 자유(자유방임 경제)'는 새로운 문제를 초래했습니다. 빈부격차가 그것입니다. 급여나 노동시간, 휴식시간을 얼마나 할 것인지가 모두 '고용계약의 자유'로 돌려진 겁니다. 그 결과 경영자(자본가)에 비해 약한 처지인 노동자들이 "알겠습니다, 이 조건으로 일하죠"라며 모든 것을 수용하면서 요즘 말하는 이른바 블랙기업이 만연해졌습니다.

노동자들 입장에서는 이것이야말로 "먹고살기 힘들어질 자유 아닌가?" 싶을 정도입니다. 그렇다 보니 노동자들은 노동조합을 만들어 자본가에게 대항하거나, 자본주의를 뛰어넘어 노동자가 주인이 되는 사회주의 사상을 생각하기에 이릅니다.

이런 노동자들이 '자유권'에 더해 '사회권'을 내놓게 된 것이 1871년의 일입니다. 프랑스혁명 이후 100년쯤 됐을 무렵, 파리 노동자들이 정치권력(파리코뮌이라 불렸습니다)을 조직했습니다. 노동자들은 이 권력이 어떤 권력이어야 하는지를 적은 몇 가지 '선언'을 발표하는데, 여기에 모든 사람의 교육과 최저생활 보장에 관한 내용이 포함됐습니다. 이것이 사회권의 시작이었습니다. 사회권이란 국민이 국가에 행복한 삶의 보장을 요구할 권리를 말합니다. 일본에도 국가가 국민의 최저한의 생활을 보장해야 한다는 내용이 헌법 25조에 명시되어 있는데, 그 뿌리가 파리 노동자들의 사상이었던 겁니다.

파리코뮌은 프랑스 군대에 의해 3개월여 만에 짓밟혔지만, 사회권 사상은 그 후로도 이어졌습니다. 제1차 세계대전 후 1919년 독일에 바이마르공화국이 출범하고, 바이마르헌법이 제정됐습니다. 이 헌법에는 국민의 생존권, 교육권, 노동권을 국가가 지켜준다는 내용이 명기됐습니다. 이런 사회권이 포함된 헌법을 현대헌법이라 부르며, 자유권 내용만이 담긴 이전 헌법은 근대헌법이라 불러 구별합니다.

바이마르헌법에는 그밖에도 훌륭한 점이 많았습니다. 예컨대 제151조는 이렇습니다. "경제생활의 질서는 모든 사람에게 사람다운 생활을 확보해주는 것을 목적으로 하며, 정의의 원칙에 적합해야 한다. 사람들의 경제적 자유는 이 한계 안에서 보장된다." 정말 훌륭하죠? 자본주의 틀 안에서 이뤄진 이야기이긴 하지만, 경제활동의 자유가 정의의 원칙 안에서 보장된다, 즉 '블랙'을 허용하지 않는다는 말입니다. 이것이 지금으로부터 무려 100년 전에 존재한 헌법이었습니다.

　그 후 바이마르공화국이 무너지고 나치가 대두하는 역사적 혼란이 벌어지긴 했지요. 하지만 오늘날 우리가 "이 나라는 인권에 소홀하다"라고 말할 때의 그 '인권'은 이처럼 수많은 사람이 오랜 시간 노력해 만든 겁니다. 이렇게 해서 인간 사회가 조금씩이나마 긍정적인 방향으로 변화했다는 이야기입니다.

"음, 세계의 변화는 대충 알겠는데, 그럼 우리 사회는 도대체 왜 이럴까?"

맞습니다. 우리에게 피부로 느껴지는 건 아무래도 이 사회일 수밖에 없으니까요. 그럼 좀 더 들어가 보자고요.

2015년 1월 ISIS라는 무장 조직에 의해 한 젊은이가 살해당한 사건이 있었습니다. 사건 이후 독일 언론이 유족을 인터뷰했습니다. 당시 어떤 정부 관계자도 유족에게 사죄하지 않았다는 이야기를 듣고 독일 제작진들은 할 말을 잃었다고 합니다. 애초에 사람을 살해한 ISIS가 나쁘다는 건 말할 필요도 없지만, 국민의 목숨을 지키는 데 실패한 정부가 그 가족에게 사과하는 건 당연한 일이니까요. 헌법도 그런 구조로 구성되어 생존권, 교육권, 노동권을 국가가 지킨다는 내용이 명시되어 있습니다.

하지만 실제로 생활하다 보면, 정부는 '당연히 개인의 책임이다', '나라에 의지하지 말라'고 합니다. '대기업의 경쟁력을 위해 노동조건을 완화하자', '재정 적자이니 사회보장을 축소하자'라는 말도 같은 맥락입니다. 어쩌다 일본 사회는 헌법과도, 독일이나 다른 유럽 국가의 상식과도 이토록 거리가 먼 상황이 됐을까요? 저는 이것이 제2차 세계대전을 전후로 한 일본 사회의 발자취, 특히 노동자와 국민을 위한 사회 개혁과 연관된다고 생각합니다.

일본의 '근대헌법'은 1890년 제정된 대일본제국헌법입니다. 하지만 여기에는 국민의 자유에 관한 내용이 전혀 없었습니다. 실제로는 도저히 '근대헌법'이라 부르기 힘들 정도였죠. "대일본제국은 만세일계萬世一系의 천황이 통치한다"(제1조, 직접 인용)로 시작되는 군주가 주인인 사회이며, 국민은 그 신민이라는 식의 내용뿐이었습니다. 그렇다 보니 제2차 세계대전 이전의 사회에서는 고바야시 다키지(小林多喜二, 1903~1933)가『게 가공선蟹工船』에서 고발한 것처럼, 노동자가 합숙소에 감금되어 노예처럼 일하는 현실이 당연했던 겁니다.

물론 자유권을 요구하며 싸운 사람도 있었어요. 그중 유명한 사람이 우에키 에모리(植木枝盛, 1857~1892)입니다. 그는 유럽의 사상을 공부하고, 메이지 시대에 주권재민, 기본적 인권 보장, 지방 자치, 나아가 인민의 혁명권과 세계평화주의까지 주창했습니다. 혁명권을 내세웠다는 것은 주권자가 정치를 바꿀 권리가 있다는 사고방식입니다. 아울러 자본주의는 야만적이다, 이런 사회로는 안 된다는 주장과 더불어 일본에서도 사회주의 사상이 퍼져 나갔습니다. 그 결과, 1922년에 오늘날까지 그 전통을 잇고 있는 일본공산당이 만들어졌습니다. 하지만 이러한 노력은 일본이 침략전쟁에 돌입하던 과정에서 다 같이 탄압에 직면합니다.

1931년 '만주사변'에서 1945년 패전까지 이어지던 시기를 15년 전쟁이라 부르는데, 이 사이에 목숨을 잃은 사람이 일본인만 310만 명, 아시아·태평양 지역 사람들은 2000만 명 이상입니다. 1명의 일본인이 죽는 사이에 7명의 아시아인이 일본인들에 의해 목숨을 잃은 겁니다.

여기까지 이야기한 것이 일본 근현대사의 기초입니다.

제2차 세계대전 이후 일본은 연합국을 대표하는 미군에 의해 군사점령됐고, 1947년 지금의 일본국헌법이 시행됐습니다. 침략전쟁에 대한 통절한 반성을 전제로 한 이 헌법에 처음으로 국민의 권리가 명기됐습니다. 자유권은 물론 사회권까지 언급한 획기적인 '현대헌법'입니다.

인권은 '침해할 수 없는 영구적 권리'임이 반복되면서(제11조, 제97조) 각종 자유뿐 아니라 사회권(생존권, 교육권, 노동조건 등을 법으로 정한 것, 자본가를 상대로 싸울 노동자의 권리)이 제25조에서 제28조까지 명시됐으며, 나아가 경제활동에 관해서도 재산권을 '공공의 복지'에 따라 제약하고 있습니다(제29조). '양성의 본질적 평등(제24조)'이나 '전쟁의 포기(제9조)'도 지극히 중요합니다. 이 헌법 내용은 여전히 국제적으로 첨단에 서 있습니다. 이는 제2차 세계대전 이전과 비교할 때 엄청난 권리 향상을 의미합니다. 따라서 전후에 일본 국민 대다수는 헌법을 지지했습니다. 이는 당시 여론조사 등에서도 확연히 드러납니다. 하지만 국민이 이 헌법의 의미를 어디까지 이해했는지, 어쩐지 불안한 면도 없지 않습니다.

어쨌든 일본 국민 대다수는 그때까지 자유권조차 손에 넣지 못했고, 이를 획득하기 위해 싸운 경험 또한 거의 없었습니다. 자유권을 명시한 프랑스 인권선언으로부터 약 150년 후의 일이었는데도, 일본 국민은 이를 절실히 요구한 투쟁 경험이 없었던 거죠. 이는 현대 일본과 유럽 사회의 성숙도 차이를 살펴볼 때 근본적으로 전제할 수밖에 없는 중요한 문제입니다.

제97조를 보면, '기본적 인권은 인류의 다년간에 걸친 자유 획득 노력의 성과'라고 명시하면서 '이러한 권리는 과거 수많은 시련을 견디고 현재와 장래의 국민에 대해 침해할 수 없는 영구한 권리로 신탁됐다'고 되어 있는데, 이 의미가 실제로 와 닿지 않는 사람도 많을 겁니다.

대일본제국헌법에서 일본국헌법으로 일본의 헌법은 큰 비약을 이뤘습니다. 이는 정말 훌륭한 일로, 역사의 진전을 의미합니다. 하지만 일본 국민 대다수는 그런 비약만큼이나 성숙해야 한다는 과제를 떠안게 되었습니다.

이렇듯 훌륭한 헌법은 존재하지만, 그 헌법에 따라 이루어지지 않는 정치와 그 깊이를 제대로 이해하지 못하는 주권자라는 구도하에서 전후 사회가 시작됐습니다. 그 후 자민당은 1995년 창당 이래 계속 '신헌법 제정'을 주장했습니다. 그런데도 이것이 실현되지 않았던 것은 일본국헌법을 소중히 생각하며 '헌법을 삶 속에서 활용하려' 하는, 헌법에 따른 정치를 지향하는 사람들의 노력이 있었기 때문입니다. 하지만 일본 국민 사이에 각종 사회권에 대한 이해가 안정적으로 공유되지는 않았죠. 앞의 이야기로 돌아와 보면, '자기책임'론을 받아들인 사람들이 적지 않다는 오늘날의 사회 상황이 그 배경에 있었습니다.

자, 그럼 이쯤에서 이 주제는 잠시 접어두겠습니다.

헌법과 관련해 '실상과 맞지 않으니 이제 바꿔야 한다'는 의견이 있습니다. 하지만 헌법과 정치, 그리고 여론의 관계가 바로 이런 형편인 까닭에, 일본 사회에 '헌법과 실상이 부합해야 하는' 역사적 과제가 놓여 있다고 생각합니다.

'공부한다'는 행위

이렇게 사회에 대해, 그것도 좀 근본적인 부분을 공부하다 보면, 현대 사회의 여러 문제를 생각하는 '기준'이 세워지겠죠? 이것이 '선현의 지혜' 혹은 '기초 이론'의 위력입니다. '기초'라고 하면 '상급'이 아닌 것으로 오해해서 초보적인 이론이라 생각하는 사람들이 있는데요. 여기서 '기초'란 '토대'를 말합니다. 여러 문제를 파악할 때 든든한 출발점으로써 도움이 된다는 이야기입니다. 따라서 그런 책이야말로 오히려 반복해서 읽어야 합니다.

물론 학생들로부터 "저는 공대생이라서", "제가 인문대생이다 보니" 같은 말을 들을 때도 있습니다. 아니, 무슨 말씀을 하시는 겁니까? 여기서 이야기하는 사회에 대한 공부는 전공 학부, 또는 학과와 관계없이 이 사회에서 살아가는 모든 사람이 공부해야 할 과제라고요!

저는 대학 시절의 공부란 우선 학교 커리큘럼에 따른 것이 절반을 이루고, 자신의 성장을 위해 스스로 마련한 커리큘럼에 따른 것이 나머지 절반을 이룬다고 생각합니다. 그러니 "저는 공대생이라서" 같은 발언은 대학에서 주어진 것 외에는 공부할 생각이 없다는 이야기입니다. 그야말로 빈곤한 정신이죠. "하지만 사회에 대해 그렇게 가르쳐주는 과목이 없단 말이에요!" 아, 네, 그런가요? 그러니까 바로 그렇기 때문에 '스스로' 공부해야 한다는 겁니다. 누가 가르쳐주지 않아도 알아서 책을 읽는 거예요. 스스로 사람들의 이야기에 귀를 기울이는 겁니다. 자발적으로 현장으로 발을 옮기고요. 공부란 단지 주어진 것을 내 안에 받아들이는 수동적인 행위가 아니라, 스스로 주제를 고르고 해답을 찾아가는 능동적 행위니까요.

여기서 잠깐 옛날이야기를 해 보겠습니다. 제 대학 시절의 일입니다.

제가 지금으로부터 딱 40년 전에 입학한 곳은 리쓰메이칸대학의 산업사회학부였습니다. 보결로 합격했죠. 고등학교 시절 제 성적은 평균에서 아주 약간 높은 정도였어요. 홋카이도 삿포로에 살았는데, 부모님과 상의해 교토로 가

게 되었습니다. 보결 합격이다 보니 다들 저보다 공부를 잘 하겠구나 하는 생각에 너무 불안하더군요. 그래서 예습을 해두자는 생각으로 하숙집 근처 책방에 갔습니다. 거기서 우연히 '산업사회학'이라는 단어가 쓰인 책을 찾아냈어요. 야마구치 마사유키山口正之라는 리쓰메이칸대학 산업사회학부 선생님이 쓰신 『마르크스주의와 산업사회론マルクス主義と産業社会論』이었습니다. 돌이켜보면, 그것이 마르크스라는 사람과의 첫 만남이기도 했습니다. 지금의 저는『마르크스는 처음입니다만マルクスのかじり方』*이라는 책도 쓰고, 우치다 다쓰루内田樹 선생님과 함께『청년이여, 마르크스를 읽자若者よ、マルクスを読もう』**도 집필했지만, 첫 만남은 그처럼 완벽한 우연이었던 겁니다.

대학에 들어가 학생회 활동에 관여하게 됐을 때, 선배들이 '돈 있는 사람만 대학에 올 수 있다는 게 이상하지 않느냐'면서 토론을 하더라고요. 과연 그렇구나 싶었습니다. 고

＊　신일본출판사, 1969.

＊＊　신일본출판사, 2011. (한국어판은 나름북스, 2016)

＊＊＊　가모가와출판사かもがわ出版, 제1·2권, 2010·2014. (한국어판은 갈라파고스, 2011)

등학교 친구 중에도 저보다 훨씬 공부를 잘했는데 가정 형편 때문에 입시를 포기한 아이가 있었거든요. 이런 일들을 인지한 것이 제 나름대로 당시 사회를 생각하는 소중한 계기가 됐습니다.

또 하나, 대학 선배들은 여러 가지 '자주自主 세미나'를 했습니다. '자주 세미나'란, 학생들이 자발적으로 모여 자유롭게 하고 싶은 공부를 하는 프로그램입니다. 한 텍스트를 정해 다 같이 토론하며 읽는 방식이죠. 선배들 권유로 저도 몇 개의 자주 세미나에 참가했습니다. 거기서 처음 읽었던 게 마르크스의 『공산당 선언』입니다. 저야 물론 횡설수설했지만, 그래도 1~2년 위 선배들은 제법 이런저런 논의를 전개하더군요. 그 모습을 보면서 '멋진데?', '저런 지적인 세계도 있구나' 하며 눈을 뜰 수 있었습니다.

결국 저는 학생운동하느라 수업을 많이 빠진 데다 집에서 보내주는 돈이 끊기면서 병까지 얻어 스물여덟 살에야 대학을 졸업할 수 있었습니다. 산업사회학부를 중퇴하고 최종적으로 야간 경제학부를 졸업했으니, 결코 학업성적이 우수한 학생은 아니었던 거죠. 하지만 학생운동을 하면서 일본의 정치와 사회에 대해 생각할 수 있었고, 수업에는 들어가지 못했지만 수많은 책을 읽으며 그것이 이후의 제 인생을 결정하는 기본이 되었습니다. 한 번 더 하라면 절대 사양하겠지만, 그럼에도 불구하고 대단히 충실한 시간이었던 것만은 분명합니다.

사회에 대해 공부하는 건 그 사회에서 어떻게 살아갈지 생각하는 데 필수적일뿐더러, 이를 통해 나름의 사고방식을 갖는 일은 하루하루를 살아가게 하는 자신감으로도 이어집니다. 전체적으로 '사람을 어른으로 만들어주는' 일이라고나 할까요. 독자 여러분은 부디 이 점을 공부의 자극제로 삼으셨으면 합니다.

이어서 제가 지도한 졸업생들이 재학생들에게 해준 조언도 소개해 볼까 합니다. 『눈부신 활약을 꿈꾸는 그대에게輝いてはたらきたいアナタへ』라는 책에도 나온 내용인데요. 취업과 직업이 키워드인 이 책은 취업한 선배들의 인터뷰를 중심으로 구성됩니다. 그 과정에서 재학생들에게 주는 조언을 부탁했더니, 대략 다음 네 가지로 대답이 정리됐습니다.

첫 번째는, 대학 시절에는 우선 공부를 하라는 겁니다. 졸업 후 사회에 나가면 '그때 공부했어야 했는데'라는 생각을 수없이 한다는 거죠. '어른이 되면 못 논다'는 구실로 공

＊　　도큐샤冬弓舎, 2009.

부할 시간을 내지 않는 학생들이 있는데, 이는 아무런 근거가 없는 이야기입니다. 술자리를 갖는다든지, 친구와 수다를 떤다든지, 어른이 되더라도 얼마든지 시간을 낼 수 있거든요. 하지만 관심있는 주제를 집중해서 몇 년이나 공부할 수 있는 시간은 대학 시절밖에 없습니다. 이와 관련해서 저도 크게 후회하는 게 있어요. '대학 시절에 외국어를 좀 더 공부할 걸' 하고 말입니다. 두 번째는, 일하는 사람들의 권리를 알아두는 겁니다. '블랙기업'을 간파하기 위해서는 우선 법률이 경영자에게 무엇을 명령하는지 제대로 파악하고 있어야 합니다. 그 기본은 노동기준법이고요. 인터넷으로도 얼마든지 알아볼 수 있으니 취업 전에 확실히 공부해둬야 합니다. 세 번째는, 좋은 친구를 만나는 일입니다. 서로의 삶의 방식을 지지하고 격려할 수 있는 친구 말입니다. 마지막으로, 대학 시절에 수많은 어른을 접해야 한다는 겁니다. 대학생은 어른인 동시에 아이이기도 한, 아직 어중간한 존재니까요. 그러다 졸업을 하면, 비록 사회 초년생이라 할지라도 일단은 완전한 한 사람의 어른이 되어야 합니다. 이를 위해 어른이란 어떤 존재인지 많은 어른을 접하며 알아갈 필요가 있다는 거죠.

아르바이트 직장의 어른, 동아리 졸업생 선배들, 학교 선생님들, 가족 등 수많은 인생의 선배가 계실 겁니다. 이런 어른들과 얼굴을 맞대고 자기 삶의 방식을 이야기하는 기회를 가져 보기 바랍니다.

사회에 관해 공부하는 데는 교실 공부나 독서, 영화 감상 등 여러 방식이 있습니다. 모두 중요하지만, 제가 중시하는 방법은 '현장에서 배운다' 그리고 '당사자에게 듣는다'입니다.

제가 가르치는 대학생들의 경우를 소개하겠습니다.

우선은 '위안부' 문제에 관한 것입니다. 앞에서도 언급한 침략전쟁을 벌이면서, 일본 군대는 침공한 지역마다 '위안소'를 만들어 위안부를 가둬 놓고 조직적으로 성폭력을 저질렀습니다. 제2차 세계대전 중에 국가와 군대가 성폭력 추진 방침을 세우고 실행한 것은 대일본제국과 나치독일밖에 없습니다.

전쟁터의 병사들은 대다수가 위안소의 존재를 알고 있었습니다. 전쟁터에서 돌아온 병사들로부터 그 이야기를 들은 가족들도 셀 수 없이 많았습니다. 하지만 다들 무용담처럼 말할 수 있는 게 아니라고 생각했겠죠. 이것이 큰 문제로 부각된 건 위안부 피해자 김학순 할머니가 1991년 일본 정부에 소송을 제기하면서부터입니다. 일본 정부는 서둘러 이 문제를 조사했습니다. 그들은 일본의 관청과 도서관, 그리고 미국의 도서관 등을 돌며 자료를 찾고, 전쟁 당시 위안부가 되셨던 분들과 일본군 복무 경험자, 한반도를 지배한 조선총독부 직원, 위안소 주변의 거주자들까지 만났죠. 그리고 일본에서 출판된 많은 관련 문헌도 읽었다고 합니다.

그 결과 이 문제에 직·간접적으로 국가가 관여한 것이 드러나 1993년 일본 정부는 '고노河野 담화'를 발표해 '사죄와 반성'의 마음을 표명했습니다. 하지만 그 후에도 일부 정치가들은 '고노 담화가 틀렸다', '위안부는 상행위였다' 등의 주장을 반복하고 있습니다. 그리고 원칙대로라면 정부 견해인 '고노 담화'를 고수해야 할 아베 신조 총리도 "'일본이 국가 차원에서 사람들을 성노예로 삼았다'라는 이유 없는 중상中傷이 지금 전 세계에서 이뤄지고 있다"(2014년 10월 3일 중의원 예산위원회) 등의 발언을 해서 현재 큰 정치 문제로 떠올라 있습니다.

저는 학생들에게 이 문제에 관한 여러 입장이 담긴 문헌과 역사자료를 읽게 하고, 매년 현장조사를 합니다. 한 번은 도쿄에서, 그리고 또 한 번은 한국에서요.

도쿄에서는 몇 군데의 자료관을 견학합니다. 맨 처음 찾아가는 곳이 위안부 문제에 관한 일본의 유일한 자료관인 '여성들의 전쟁과 평화 자료관'입니다. 전시 해설을 듣기도 하고, 비치된 자료와 문헌도 읽습니다.

다음으로, 야스쿠니靖国 신사에 있는 유취관遊就館이라는 전쟁박물관에 갑니다. 이곳은 메이지 시대 이후의 모든 전쟁이 '자존자위自存自衛', '아시아 해방'을 위한 전쟁이었다는 입장에서 '여성들의 전쟁과 평화 자료관'과는 180도 다른 자세를 취하고 있습니다.

세 번째는, 전쟁으로 심각한 장애를 얻은 상이군인들의 전후戰後 생활을 기록한 '쇼케칸承繼館'에 갑니다. 당시 군인들은 틀림없는 아시아 침략의 첨병이었습니다. 그러나 국가와의 관계를 보면, 천황 주권의 정치제도하에서 '전쟁터로 가라'는 명령을 거부하지 못한 피해자로서의 일면도 가지고 있습니다. 다리를 잃거나 눈을 잃거나 혹은 양팔을 잃은 채 귀국한 병사도 셀 수 없이 많습니다. 그런 병사들이 전후에 경험한 고통에 대해서도 공부합니다.

도쿄는 1박 2일 일정이지만, 한국에는 3박 4일 일정으로 다녀옵니다. 첫날은 일본에서 서울로 이동해 거리를 돌아보는 정도의 일정입니다. 이틀째에는 위안부 피해 할머니들이 지내시는 '나눔의 집'을 방문해 당신들의 고통스러운 체험을 듣고, 그곳에 마련된 '일본군 위안부 역사관'에서 현장학습을 합니다. 말씀하시던 중 감정이 북받치자 옷을 벗어 일본도에 찔린 상처를 보여주신 할머니도 계셨습니다. 사흘째에는 서울로 돌아와 1919년 식민지 시대 일본으로부터 독립운동을 선언한 장소(지금의 탑골공원)와 피해 할머니들이 일본 대사관 앞에서 진행하시는 수요집회 현장 등을 방문합니다. 그리고 마지막 날에는 식민지 시대 한국의 실상을 기록한 서대문형무소 역사관을 견학합니다. 상당히 알찬 나흘이지요.

일정이 진행되는 동안 학생들은 많은 것을 체험하고, 많은 생각을 할 수밖에 없습니다. 눈앞의 할머니가 말씀하시는 그런 일들이 정말로 일어났단 말인가, 몸에 이런 상처가 남아 있다니, 자료관의 전시는 무엇을 이야기하고 있을까. 학생들끼리 의견이 나뉘어 귀국 이후까지 논의가 이어진 경우도 있었습니다. 하지만 할머니들의 분노, 슬픔, 억울함, 피로함, 또한 그 와중에 보여주시는 따뜻한 모습까지 접하면서 '생각하는' 자세는 더욱 깊어집니다.

이런 공부의 내용은 출판으로 결실을 보기도 했습니다. 『할머니가 주신 숙제ハルモニからの宿題』* 가 그 결과물입니다. '할머니(ハルモニ)'는 한국어로 할머니(おばあさん)를 정중하게 부르는 말입니다. 『일본군 위안부 문제: 일본 여대생들은 어떻게 공부하고 느꼈는가? '慰安婦'と出会った女子大生たち』**는 2008년에 한국어판으로도 출간돼 이화여자대학교 동아리에서 텍스트로 활용한다고 합니다. 『'위안부'와 마음은 하나: 여대생은 싸운다 '慰安婦'と心はひとつ女子大生はたたかう』***, 『여대생들과 공부하는 '위안부' 문제女子大生と学ぼう'慰安婦'問題』****, 그리고 마지막이 『'나눔의 집'에 살며, 배우며 'ナヌムの家'にくらし、学んで』***** 입니다. 이 책은 '나눔의 집'에서 오래 일하신 무라야마 잇페이村山一兵 씨와 함께 썼습니다.

처음에 지도 학생들이 '책을 만들고 싶다'고 했을 때는 정말로 결과물을 낼 수 있을지 반신반의했습니다. 하지만

---

* 　　　도큐샤, 2005.
** 　　신일본출판사, 2006. (한국어판은 동문선, 2008)
*** 　가모가와출판사, 2007.
**** 　일본기관지출판센터, 2008.
***** 일본기관지출판센터, 2012.

결국 이렇게나 많은 책이 출판됐죠. 대입 성적이 뛰어난 학생들이 모여 있는 건 아니지만, 대학에서 공부하고 '진실'을 추구하는 진지한 노력 가운데 이렇게 성장한 겁니다. 대단히 마음 든든합니다.

느껴지는 것들

위안부 문제를 세미나 주제로 한 건 2004년부터 2011년까지였습니다. 2011년부터는 '원전·에너지 문제'를 주제로 공부했습니다. 여기서도 '현장에서 배운다', '당사자에게 듣는다'라는 노력을 거듭하고 있습니다.

2012년에는 후쿠이현을 방문했습니다. 후쿠이현은 원전이 15기나 들어서 있는 '원전의 긴자銀座'로, 가장 가까이의 오오이大阪 원전은 제가 가르치는 학교에서 직선으로 90km 정도 거리에 있습니다. '후쿠시마 사고는 남의 일이 아니다', '우선은 내 발밑부터'라는 것이 이 세미나에 참가한 학생들의 판단이었습니다.

간사이関西 전력의 원전 홍보관을 견학하고, 수십 년간 원전 건설과 운전에 반대해온 분의 이야기도 들었습니다. 오

바마小浜시에서는 묘쓰사明通寺의 나카지마 테츠엔中嶋哲演 주지스님을 뵈었습니다. 그 기회를 통해 많은 것을 배울 수 있었지만, 그중에서도 인상적이었던 것은 "현지 분들은 원전을 어떻게 생각하나요?"라는 학생들의 질문에 대한 나카지마 스님의 대답이었습니다. 스님은 "오오이 원전이 있는 오오이초おおい町 현지에서는 원전을 반대할 수 없습니다. 따돌림을 당하거든요. 그리고 '현지'라고 하셨는데, 현지에는 원전이 세워진 입지 지역이 있는 한편, 사고가 일어날 경우 피해를 보게 될 재해 지역도 있습니다. 심지어 원전의 전력을 소비하는 소비 지역도 있지요. 후쿠이의 원전에서 만들어진 전기가 후쿠이현에서는 쓰이지도 않아요. 그 전기를 쓰는 건 바로 교토, 오사카, 고베 같은 대도시에 사는 여러 분입니다"라고 말씀하셨습니다.

이 말에 학생들은 큰 충격을 받았습니다. 원전이 다른 세상 이야기가 아니라 매일 '내가 쓰는 스마트폰의 전원이었다'는 이야기니까요. 자신들이 '원전을 사용하는 인간이었다'는 것에 눈을 뜨게 된 겁니다. 이 사실을 현지에서 수십 년이나 싸워오신 분에게 조용히 지적당했을 때의 충격은 매우 컸을 겁니다. 이러한 체험을 계기로 학생들은 여름방학을 집필에 투자해 『여대생들의 원전 학습 모임女子大生のゲン

이라는 책으로 엮어냈습니다.

2013년에는 후쿠이현에서 나카지마 스님의 이야기를 듣고, 쓰루가教賀 원전 홍보관도 찾았습니다. 쓰루가 원전은 운전을 개시한 지 45년 된 1호기의 폐로가 결정됐고, 바로 아래 활단층이 있다는 사실이 확인되어 2호기도 폐로 가능성이 높아진 원전입니다.

여름에는 처음으로 후쿠시마현에 갔습니다. 여름방학 기간 중 3박 4일의 일정이었습니다. 가족들로부터 "위험하니 가지 말라"는 말을 들은 학생도 있었다고 나중에 들었습니다.

첫날은 아침 일찍 오사카공항을 출발해 후쿠시마공항으로 향합니다. 거기서 다시 1시간 이상 JR을 타고 후쿠시마대학으로 이동하고요. 점심시간 무렵 도착해 학교 식당에서 식사할 때 학생 하나가 물었습니다. "선생님, 마스크 쓴 사람이 아무도 없네요." 후쿠시마현에서는 방사성 물질을 흡입하지 않도록 다들 마스크를 하고 다닐 거라 생각했던 거죠. 하지만 후쿠시마현은 대단히 넓습니다(일본에서 3번째 면적). 따라서 그중에는 방사성 물질의 심각한 오염에 노출

※　　　신일본출판사, 2014.

된 지역이 있는가 하면, 지진이나 지진 해일, 원전 사고의 영향이 거의 없었던 지역도 있고, 일시적으로 방사선량이 상승하기는 했으나 지금은 내려간 지역도 있습니다. 후쿠시마에 직접 가 보고 처음으로 실감한 일 중 하나였죠. 식사를 마친 뒤에는 후쿠시마대학 선생님에게 지진과 원전 사고, 피해 복구 상황에 대한 특강을 듣고, 밤에는 다음날부터 신세지게 될 분들과 함께 식사를 합니다. 후쿠시마 시내에 묵으면서요.

이틀째 되는 날에는 버스를 타고 나미에초浪江町로 이동합니다. 도중에 산을 넘어가며 이다테무라飯館村를 통과하는데, 여기서 잠시 방사선량이 급속하게 상승합니다. 나미에초는 그해 3월 말까지 출입이 통제됐던 지역입니다. 4월부터 일부 지역 출입이 허가된 참이었죠. 지역 주민센터에서 직원의 설명을 듣고, 안내를 받아 동네 안으로 들어갔습니다. 아직 한 사람도 살지 않더군요. 동네에는 복구 손길이 전혀 미치지 않은 지진 발생 당일의 상태로, 지진 해일 때문에 흘러들어온 선박과 차량이 뒹굴고 있었습니다. 할 말을 잃었습니다. 지진과 지진 해일 피해자들을 도우러 가려던 순간, 원전 사고가 일어나 피난 명령에 따를 수밖에 없었던 원통함과 괴로움이 표정에 드러나는 분도 계셨습니다.

　거리 한복판을 걸으며 다시 한번 느낀 것은 방사성 물질의 분포가 실로 뒤죽박죽이라는 것입니다. 지진 해일로 큰 피해를 본 우케도浦戸 지구에서는 육안으로 후쿠시마 제1원전이 보이는데, 그 주변의 방사선량은 후쿠시마 시내와 거의 비슷합니다. 하지만 그 근처에 출입이 금지된 곳도 있습니다. "눈에 보이지 않는 것을 인간이 단정적으로 구분지어 놓았다"고 이야기하던 학생도 있었습니다.

　사흘째에는 농가와 농업 관계자들의 고생과 노력에 대해 배웠습니다. '후쿠시마 농산물이 위험한지 아닌지 확실히 알 수 없다'는 것이 학생들이 관심을 두는 주제 중 하나였습니다. 후쿠시마대학 선생님은 토양에 방사성 물질이 함유되어 있더라도 작물에 저절로 영향을 끼치지는 않는다는 점에 주목해 오염된 환경에서도 안전한 작물을 생산하는 연구를 진행 중이라고 하셨습니다.

　마지막 날에는 다 같이 후쿠시마시의 과수원을 찾았습니다. 그곳 농민의 "수년간 우리 상품을 찾던 단골손님도 원전 사고 이후부터는 연락이 없어요"라는 말씀에 가슴이 뭉클했다는 학생도 있었습니다. 과수원은 무엇을 공부하기 위한 장소는 아니지만, 이렇게 접하는 것만으로 배울 점이

있습니다. 이때의 체험은 『여대생들, 원전 사고 피해 지역 후쿠시마에 가다 女子大生原発被災地ふくしまを行く』[*]에 담겼습니다.

[*] 가모가와출판사, 2014.

2014년에는 원전 문제와 원폭 문제를 연결해 공부하는 것을 주제로 잡았습니다. 그래서 현장학습을 위해 히로시마를 찾았습니다. 피폭자들의 실제 체험도 들었고요. 원폭 자료관을 견학하고, 원·수폭 금지운동의 도달점과 과제에 대해서도 공부했습니다. 원폭증(原爆症, atomic bomb disease) 인정을 좀처럼 해주지 않는 등 피폭자 지원에 소극적인 일본 정부의 모습도 알게 됐습니다. 그 배경에는 오늘날 일본 정부가 미국의 '핵우산nuclear umbrella'에 들어감으로써 일본의 안전을 지키려는 현실이 있었습니다. 학생들은 무척 놀랐습니다. 원폭으로 인한 방사성 물질이 지금도 사람들의 목숨을 위협한다는 걸 알게 된 한 학생은 "아… 원폭이란 게 방사성 물질로 사람을 죽이는 무기이기도 하군요"라며 새삼 그 무서움을 실감하는 듯했습니다. 그리고 "다시는 피폭자가 나와서는 안 돼요"라는 말에 후쿠시마 사고를 떠올릴 수밖에 없었습니다. '원자력의 평화적 이용'을 목청 높여 부르짖던 환경 때문에 원·수폭 금지운동이 원전을 단호하게 반대할 수 없었다는 이야기도 이 운동에 참여하시는 분에게 들을 수 있었습니다.

여름에 다시 후쿠시마현을 방문했습니다. 첫날에는 원래 인구의 3분의 1 정도가 돌아와 사는 가와우치무라川内村를 견학했습니다. 이 인구로는 가게 경영도 할 수 없어서 마을이 보조금을 내 편의점을 유치하려 한다는 이야기를 들었습니다. 고용 창출에 도움을 주고 싶다며 다른 현에서 들어온 공장 내부도 구경했습니다. 이튿째에는 나미에초를 안내받았습니다. 1년 만에 제법 사람 사는 곳으로 변해 있었습니다. 가정의 쓰레기 수집장과 소각장이 조성되는 한편, 벼농사 실험이 이루어지고, 주유소도 한 군데 생겼습니다.

사흘째 되던 날 소마相馬시의 어민에게 들은 이야기입니다. "3·11 대지진 직후에 배를 타고 바다에 나가 봤어요. 대지진이 일어난 뒤에는 지진 해일이 밀려온다고 선배들이 말해주더군요. 몇 번이나 커다란 파도를 넘고, 육지 쪽에서 돌아오는 파도와도 맞닥뜨렸지요. 그렇게 배를 지켰습니다. 하지만 그 뒤에 일어난 원전 사고로 바다가 오염돼서 물고기를 전혀 잡을 수가 없어요. 그래서 바다에 떠다니는 쓰레기를 치우는 일을 하죠. 우리는 어부였던 아버지가 멋있다고 생각하면서 뒤를 이은 사람들이에요. 그런데 아이들이 제가 하는 일을 쓰레기 청소라고 하더군요. 슬프기도 하고, 한심하기도 하고. 다시 바다에서 고기를 잡을 수 있게 돼서 아이들이 '우리 아버지는 멋진 어부'라고 말할 수 있으면 좋겠어요. 그걸 위해서라도 쉬지 않고 노력할 겁니다." 그분은 때로는 웃고, 때로는 괴로워했습니다. 막상 그 모습과 마주하니 힘내셨으면 좋겠다, 뭔가 도움을 드리고 싶다는 생각이 들 수밖에 없었습니다.

후쿠시마 어업협동조합연합회(어협)는 오랫동안 어로를 자숙하다가 2012년 6월부터 지자체의 엄격한 점검을 받아 안전이 확인된 어종만 소규모로 시범 조업과 판매를 하고 있습니다. 도쿄의 쓰키지築地 수산시장에 내놓는 생선도 있고요. 한 어민의 이야기는 저와 학생들에게 강한 인상을 남겼습니다. "저 또한 사실을 제대로 확인하지 않은 채 소문이나 편견에 좌우되고 있었어요"라는 학생도 있더군요. 이 현장학습에 참여한 학생들도 현재 책을 집필하고 있습니다.

이렇게 한 번씩 현장학습을 나가보면, 거기서 처음 알게 되는 것들이 정말 많습니다. 무엇보다 그곳에 사는 주민과의 만남이 중요하죠. 원통하고, 괴롭고, 기쁘고, 재미있는 이야기를 가까이에서 듣고, 이야기를 주고받으며 접하는 겁니다. 그러다 보면 어느 순간 모두가 어딘가에 사는 모르는 사람이 아니라, '그때 거기서 만난 사람'이 돼요. 이런 일들이 사고하는 자세의 진지함을 더욱 깊게 합니다. 힘든 상황에서도 문제를 뛰어넘기 위해 노력을 거듭하는 사람들에게는 격려가 되기도 하고요.

학생들뿐만 아니라 진즉에 어른이 된 여러분들도 부디 기회를 마련해 여러 현장에 가 보시길 바랍니다. 다만 그저 관광에 그치지 않도록 사전·사후 공부를 확실히 하는 게 중요하겠죠.

사회의 기본 단위로서의
가족

사회에 대한 기초 공부의 마지막으로, 사회에서의 남녀관계, 또는 젠더와 섹슈얼리티 문제를 다뤄 보겠습니다. 이는 우리 가정과 가족이 사는 방식과도 관련되는 중요한 문제입니다. 무척 개인적인 문제처럼 보이지만, 그때그때의 사회 모습과 깊숙이 관련되어 있지요.

'남자는 일, 여자는 가정'이라는 남녀관계는 언제부터 있었을까요? 이런 질문을 던지면 학생들 중에는 "아주 오래전부터"라고 답하는 사람도 적지 않습니다. 하지만 이건 정말로 큰 착각이에요. 역사를 거슬러 올라갈수록 사람들의 생활은 더 힘들었습니다. 전기도, 기계도, 제대로 된 도구도 없는 시대였으니까요. 옛날에는 아이도, 노인도, 남성도, 여성도 모두 밖으로 나가 일하는 현실이었습니다. 그럼

'주부'는 언제부터 생겨난 걸까요? 바로 자본주의가 탄생하던 시기부터입니다. 다만 그 무렵 주부로 살아갈 수 있었던 건 자본가와 관료 등 극히 일부에 불과한 부자의 아내뿐이었습니다. 이른바 '부잣집 마나님'이라 불리는 사람들이지요. 이들을 유럽에서는 19세기형 주부라고 부릅니다. 그러다가 20세기로 들어오면서 주부로 생활하는 사람들이 일반 봉급생활자(임금노동자) 가정으로 확대됐습니다. '부잣집 마나님'과는 좀 다른 주부죠. 이들을 20세기형 주부라 불렀는데, 다시 20세기 후반 유럽에서는 이 주부가 아예 사라집니다. '일도 가정도 남녀가 함께' 하는 양상으로 바뀐 겁니다.

그에 비하면 일본은 역사적으로 좀 뒤떨어져 있습니다. 일본에서 '부잣집 마나님'이 늘어나기 시작한 것이 20세기 초엽이기 때문입니다. 왜 이렇게 늦었냐면, 자본주의 탄생 자체가 늦었거든요. 그리고 봉급생활자 가정으로까지 주부가 확대된 건 전후에 맞이한 고도 경제 성장기부터였습니다. "전후라면 남녀평등을 주장하는 일본국헌법이 성립됐으니 여성들도 사회에 진출하지 않았나요?"라고 물을 수 있습니다. 그런데 그게 사실과 차이가 있습니다. 농업에서 공업으로 산업의 중심이 이동하면서 농촌 지역의 젊은 여성들(당시는 중학교 졸업 정도였습니다)이 도쿄나 오사카 같은 대도시에 일하러 가기는 했습니다. 그렇게 오랫동안 일하다 보면 '전업주부'가 되기 힘들었을 텐데, 전후 자본주의는 여성들에게만 '청년 정년'을 적용해 대체로 25세 정년이 많았습니다. 당시에도 남성보다 적은 급여를 받던 여성들을 기업은 왜 해고했을까요? 그 배경에는 '남성을 철저하게 회사를 위해 존재하는 인간으로 만든다'는 재계의 노동력 관리 전략이 있었습니다. 이를 위해 의식주를 담당할 사람이 필요하니 결혼한 여성은 회사를 그만두게 하자, 결혼하지 않을 수 없게 하려면 특정한 연령이 됐을 때 해고하자, 그래서 남성의 뒷바라지를 하게 만들자는 이야기였죠. 아울러 언젠가 쇠약해질 남성을 대체할 노동자 후보생을 육성해야 하니 아내에게 육아를 맡기는 구조도 확립했어요. 따라서 전후의 남성 중심형 노동시간은 조금도 개선되지 않았습니다. 그렇게 세계 최장의 노동시간과 세계적으로도 단연 눈에 띄는 남녀 격차 사회가 동전의 양면을 구성하게 됩니다.

전후 일본에서 방영된 미국 드라마가 하나같이 전업주부 가정을 무대로 했던 것도 사람들의 전업주부 지향에 영향을 주었습니다. 또 하나, 직장의 양성평등 상황이 좀처럼 진전되지 않는 원인으로, 육아도 부양도 죄다 아내에게 맡겨 놓으니 사회보장에 쓸 예산이 없다는 정부의 자세를 꼽을 수 있습니다. 사회보장에 의지하지 않는 '가족의 사랑'이 '일본의 미덕'이라나요. 북유럽 국가들에서 초기 일하는 여성의 비율이 높아진 것은 의식 변화뿐 아니라, 충실한 사회보장이 병행됐기 때문입니다. 게다가 '일본의 미덕' 중에는 헌법을 바꾸고 싶어 하는 이들의 "양성평등이 이 나라의 가정을 망쳤다, 제2차 세계대전 이전으로 돌아가자"는 주장도 포함되니 실로 경악할 일입니다.

물론 유럽도 자본주의 이전에는 남성 중심 사회였고, 자유권을 쟁취하기 위한 부르주아혁명 당시에도 이런 상황이 크게 바뀐 건 아니었습니다. 그런데도 19세기에는 여성의 권리 확대 노력이 진행됐습니다. 1세대 페미니즘운동이 그 예입니다. 하지만 일본의 경우 제2차 세계대전 이전에는 자유권조차 없었습니다. 20세기 들어 겨우 '여성해방운동'이 시작됐지만, 결국 전쟁의 파도에 쓸려가고 말았죠. 제2차 세계대전 이전에 양성관계와 가정 내에서의 관계를 정한 것이 메이지민법인데, 이 법률에 의해 일본 여성의 권리는 사상 최악의 수준으로 곤두박질쳤습니다. 특히 재산권이 없었다는 점은 여성의 삶을 일평생 남성에게 종속시키는 큰 원인으로 작용했습니다. 그렇다 보니 '제2차 세계대전 이전으로 돌아가자'는 사람들은 이런 남성 중심적 가정을 '일본의 역사와 전통'이라며 미화하기도 하죠. 메이지 시대 이전의 과거로 거슬러 올라갈수록 더욱 심각한 양성관계가 무척 오래 지속됐습니다.

최근에는 LGBT라 불리는 성소수자 권리 확립도 중대한 사회적 과제입니다. L은 레즈비언, G는 게이, B는 바이섹슈얼, T는 트랜스젠더의 약자입니다. 그밖에도 여러 용어가 존재하지만, 인간의 성, 즉 섹슈얼리티(성적 지향, 어떤 타입의 인간에게 성적 매력을 느끼는가)가 원래부터 무척 다양한 양태를 띠기 때문에 이 모두를 똑같이 인정하는 일이 사회적 과제가 된 겁니다. 일본에서 성소수자에 대한 억압이 강해진 것은 대략 메이지 시대로 접어들 무렵부터입니다. 정부는 소위 '부국강병'에 국가 이념을 짜 맞춘 '국민' 만들기를 진행하면서 그 일환으로 부국의 조건이라는 인구 증가를 내세웠습니다. 그런 까닭에 반드시 출산으로 이어지지는 않는 마이너리티의 성애 또한 사회적으로 강력하게 배제된 겁니다.

어때요? 젠더라든가 성소수자 같은 문제도 기초를 조금 공부해 보니 쉽게 정리되지 않나요? 가족은 인간 사회의 최소 단위이기 때문에 확실히 공부하는 게 좋답니다.

이 이야기를 시작하면서 "결혼 상대로 이 사람이 어떨까" 하는 질문을 사례로 들었는데, 실은 지금과 같은 일부일처혼도 역사의 한 단계에서 나타난 겁니다. 그리고 앞서 살펴본 것처럼 '남성은 일, 여성은 가정'이라는 건 낡은 형태가 되었고요. 또 LGBT의 권리 문제는 혼인이 언제나 이성 간에만 이루어지는 건 아님을 의미하죠.

재미있죠? 네, 여기서 거론한 문제들은 하나같이 중대하지만, 이렇게 사회구조나 역사의 '기초'를 어느 정도 알아두면, 여러 사안에 판단 기준이 생깁니다. 이를 통해 자신감과 에너지를 강하게 얻을 수도 있고요. 젊은 여러분의 성장에도 도움이 되지 않을까요?

또 이렇게 여러 부분을 풍부하게 성장시키는 것이 더 좋은 사회를 만드는 일과도 연결되는 까닭에 사회를 공부하지 않을 수 없습니다. 자, 이제 분위기도 어느 정도 무르익었으니 다음 장에서는 사회 현실에 관한 기초 이론을 좀 더 심화시켜 보도록 하겠습니다.

제1화

알고 있나요?
'사회과학'이라는 말

지금의 우리 사회를 파악하고, 중요한 시각과 문제의식에 이따금 기초 이론을 끼워 넣으면서 머릿속에 떠오르는 것을 써 보겠습니다. 자, 이야기가 어떤 방향으로 흘러갈까요?

젊은이들과의 대화

제1화의 주제는 '사회과학'입니다. 요전에 오사카에서 청년들과 일본 정치에 관해 이야기 나눌 기회가 있었습니다. '아베 내각의 폭주'라든가 '개헌안 내용' 등의 이슈를 놓고요. 아직 10대인 대학생부터 30대 노동조합 청년부 활동가까지 몇몇 사람이 모였는데, 저마다 오늘날의 정치를 걱정하고 역사 문제와 의료, 올바른 지자체의 상 등을 고민하는 친구들이었습니다.

이야기가 여러 방향으로 확대되는 가운데 제가 놀란 건 그들 중 누구도 '사회과학'이라는 말을 입에 담지 않더라는 점이었습니다. 어떻게 그런… 정말 놀랐어요. 그리고는 이내 '이게 의외로 큰 함정일 수 있겠다'는 생각이 들었습니다. 저야 그 옛날 학생운동을 했다지만, 그보다 좀 더 젊은 세대 중 살짝 그 맛이나마 본 사람이라면 '사회과학'은 말 그대로 일상 이야기쯤일 거로 생각하는데, 이 책을 읽고 계신 여러분은 어떤가요? 젊은 분들은 역시 잘 모르시는 건가요?

'자연과학'이 '자연에 관한 과학'을 가리키는 것처럼, '사회과학'은 '사회에 관한 과학'을 말합니다. '사회에 관한' 것이라면 그리 복잡할 게 없겠지만, 중요한 건 이것이 '과학'이라는 점입니다.

'사회에 관한 과학'을 생각해 볼 기회가 없었다면, 경제학이나 정치학 등 사회에 관한 여러 학문은 도대체 뭐라고 파악했던 걸까요? 혹시 그저 '많은 학자의 합의' 정도로 생각했을지도 모르죠. 저는 그것이 오히려 함정일 수도 있다고 생각합니다.

이야기의 본 주제로 들어가 보죠. 그럼 '과학'이란 도대체 뭘까요?

　이런 질문을 받고 여러분이 가장 먼저 떠올리는 건 우주의 탄생, 생물의 진화, 인체의 신비 등 TV에서 자주 보던 '자연과학'의 도달점이나 그것을 탐구하는 자연과학자들의 생생한 모습일지도 모릅니다. 저도 그런 방송 프로그램을 좋아해서 초등학생인 제 아이와 즐겨 보거든요. 거기서 과학자들이 망원경, 현미경, 약품, 대규모 장치로 실험하는 것이 자연의 '진짜 모습'에 대한 탐구입니다. 공룡 뼈를 발굴하거나 생생하게 복원하는 것 등 정말 흥미롭죠.

　조금만 생각해도 알 수 있듯이, 우리 눈앞의 자연은 언제나 진짜 모습을 그대로 보여주지 않습니다. 밤하늘의 별은 어두운 하늘의 평면에 찰싹 달라붙어 늘어선 듯 보이고, 그것이 하나로 뭉쳐 지구 주변을 도는 것처럼 보입니다. 하지만 실제로 사람 눈에 보이는 범위에 있는 별들은 은하계라 불리는 소용돌이 원반의 형태를 이루고 있습니다. 돌고 있는 건 우리가 사는 지구이고요. 그리고 아이 시절에 보던 별도, 어른이 되어 보는 별도 밤하늘에서는 아무런 변화가 없는 것처럼 보이지만, 실제로는 그 탄생(빅뱅)과 직후의 급

격한 팽창기부터 우리가 상상할 수도 없을 정도로 크게 변화하고, 지금도 팽창을 거듭한다고 합니다. 다들 아는 내용이지요.

이처럼 입구에 있는 것은 누구나 관찰할 수 있는 세계지만, 그 뒤에는 무엇이 있을까요? 어째서 저렇게 보일까 하면서 현실의 진짜 모습을 탐구하는 것이 과학입니다. 그렇게 찾아낸 성과 또한 과학이라 불리죠.

그럼 진짜 모습은 도대체 어떻게 확인하는 걸까요? "그 점에 대해 현재 많은 과학자가 이렇게 생각한다"라는 말은 TV에서도 자주 듣지만, 그 많은 과학자는 어떻게 공통된 생각에 이르게 될까요? 그것은 물론 즉흥적인 착상이나 재미로만 결정할 수 없습니다.

예컨대 사람이 우주정거장까지 갔다가 무사히 돌아오기 위해서는 정확한 양자관계 지식이 필요합니다. 바로 우주정거장과 지상의 실제 관계에 대한 것이죠. 거기 즉흥적인 착상이나 재미 같은 걸 끼워 넣어버리면, 우주비행사는 단지 죽음을 두려워하지 않는 사람이 될 뿐입니다. 그러니 여기서 요구되는 것은 이렇게 하면 틀림없이 목적지에 도착할 수 있으며, 돌아올 때도 이렇게 하면 절대로 안전하다는, 누구라도 납득할 만한 증거입니다. 양쪽의 관계가 가진 '진짜 모습'에 관한 데이터 말입니다. 그러면 과학자들은 그 데이터의 신빙성을 점검하고, 데이터의 의미를 자세히 추리해 결과적으로 어떤 사항에 관한 일정한 '합의'를 도출합니다. 여기서 관찰자의 믿음 같은 주관의 배제가 그 작업의 중심 과제가 됩니다.

언젠가 큰 문제가 되기도 했지만, 자신의 주장(가설)의 올바름을 많은 과학자에게 인정받기 위해 데이터를 날조(자신의 형편에 맞춰 수정)하는 사람이 있더라도 결국 과학자들의 집단적 점검을 통과할 수 없어 '과학'의 성취에 동참하지 못하는 일도 일어나지요. 과학의 기준은 과학자의 주관적 합의가 아니라 현실의 객관적 파악입니다. 따라서 "나는 이렇게 생각해", "어째서?", "아니, 그냥 생각해 봤어" 같은 즉흥적인 착상은 어떤 대단한 '책'에 적혀 있더라도 과학의 범위에는 들어갈 수 없습니다.

또 하나, 과학적으로 파악하는 데 중요한 점은 그것이 '완벽하게 알았다'라는 완성품이 아니라, '현재 여기까지 알고 있다'라는 식으로 언제나 변화의 도상에 서 있다는 사실입니다. 앞서 언급한 "그 점에 대해 현재 많은 과학자가 이렇게 생각한다"는 말에서의 '현재'입니다. 여기에는 과거에는 이렇게 생각했지만 현재는 이렇다, 현재는 이렇지만 앞으로 어떻게 변화할지 알 수 없다는 의미가 포함되어 있습니다.

기계의 진보와 새로운 관측 방법 발견으로 지금보다 훨씬 정밀한 데이터가, 또는 완전히 다른 각도의 데이터가 나올지도 모릅니다. 그렇게 객관적인 파악이 심화되면, 그것을 어떻게 평가할지를 둘러싸고 과학자들의 합의도 변하겠죠. 이렇게 '여기까지 알고 있다'라는 말에서의 '여기까지'를 보다 넓고 깊은 단계까지 끌어가려 노력하는 것이 과학자입니다.

사회과학도 마찬가지

사회과학은 앞서 이야기한 것들을 자연이 아닌 사회를 대상으로 행하는 겁니다. 인간 사회의 진짜 모습을 찾고, 그 성과를 차례로 쌓아올리는 거죠.

사회도 자연과 마찬가지로 우리에게 진짜 모습을 간단히 보여주지 않습니다. 예를 들어 편의점에서 파는 볼펜과 커피가 같은 1000원인 건 왜일까요? 별로 생각해 보지 않으셨는지도 모르겠네요. 그래도 이것은 경제학에서 실로 역사적이고 커다란 문제였습니다. 판매자들이 각각 자유롭게 정한 결과처럼 보이지만, 실제로는 시장경제하에서 판매되는 상품의 가치는 그것을 만드는 데 필요한 노동의 양에 달려 있습니다.

볼펜이나 커피와 마찬가지로 현대 사회에서는 우리의 일하는 에너지가 매매됩니다. 그 값으로 노동자가 받는 것이 임금이죠. 이것은 개인의 '노동의 대가'처럼 보입니다. 하지만 실제로는 '노동력의 가치'이며, 다른 어떤 상품과도 마찬가지로 그 크기는 그것을 만드는 데 필요한 노동의 양에 따라 좌우됩니다.

인간 사회가 원시 시대부터 현대까지 크게 달라진 것은 역사의 표면을 보더라도 알 수 있습니다. 그런데 사회는 왜 이런 형태로 바뀌어 왔을까요? 무엇이 그런 변화를 생성하는 추진력이 됐을까요? 이건 꽤 어려운 문제입니다. 오랫동안 '역사를 움직이는 위인의 판단'이라고 설명했지만, 현재는 경제를 중심으로 한 사회 내부 변화의 방향에 잘 편승해 이를 가속한 인물이 '역사를 움직인 위인'이라 불리거든요.

이런 사회과학은 자연과학이 자연을 상대하는 것처럼 눈에 보이는 사회 이면의 '진짜 모습'을 탐구합니다. 사회과학자의 즉흥적인 착상이나 어떤 시각이 재미있어서 같은 주관을 기준으로 삼지 않고, 자연과학과 마찬가지로 현시점에서 존재하는 사회를 객관적으로 파악합니다. 그렇기 때문에 사회과학자도 데이터에 기초해 자신의 분석이 갖는 정당성을 주장합니다. 신문, 통계, 다양한 역사자료 등을 검토해 현장에서 사회를 관찰합니다. 과거의 사상가를 끌어낼 때도 그런 데이터와 사상가 지견의 일치나 불일치를 사상가 평가 기준의 근본에 둡니다. 결코 그 사상가에 대한 단순한 '호·불호'를 이유로 평가하는 것이 아닙니다.

자연과학에 수많은 분야가 있는 것처럼 사회과학에도 수많은 분야가 있으며, 예컨대 경제학, 정치학, 역사학, 사회학 등과 같이 인간 사회의 어떤 부분을 어떤 방법으로 탐구하느냐에 따라 서로 구별됩니다.

자유로운 의사와 사회의 법칙

"그래도 사회는 자연과 달리 개인의 의사에 좌우되니까 자연의 경우처럼 객관적인 법칙이 성립되지 않는 것 아닐까?" 이는 사회과학이 '과학'으로 성립될 때 가장 큰 벽으로 작용하는 문제입니다.

이 점에 관련해서는 우선 세계 역사에 대한 규명이 하나의 답을 제시해줬습니다. 구체적인 양상은 여러 가지이지만, 어떤 나라나 지역에서도 원시적 공동 사회로부터 고대 노예제 사회, 중세 봉건제 사회, 근대 자본제 사회라는 사회 발전의 방향성을 발견할 수 있습니다. 이것은 많든 적든 교과서에 반영되어 있습니다. 그럼 그런 방향성이 공유되는 것과, 예컨대 일본과 유럽에 사는 개인의 의식 차이는 도대체 어떤 관련이 있는 걸까요?

예를 들어 저는 감기에 걸려 열이 많이 나면 일을 쉴 자유(권리)가 있습니다. 하지만 이유가 무엇이든 간에 1년간 놀면서 지낼 자유는 없습니다. 그러면 생활을 꾸릴 수 없기 때문입니다. 또한 제게는 이 원고를 쓰고 잠깐 장을 보러 다녀올지 말지를 결정할 자유가 있습니다. 그러나 나가서 매번 1000만 원어치의 물건을 살 자유는 없습니다. 그렇게 많은 돈이 없기 때문입니다.

이처럼 개인의 자유나 의사는 그 사람이 살아가는 사회 구조와 사회적 입장에 따라 크게 제약을 받습니다. 제 경우 누군가에게 고용되어 일하고, 그 대가인 임금으로 살아가는 노동자라는 사실이 의사의 범위를 정하는 큰 요인이 됩니다. 그것은 유럽에 사는 노동자들도 기본적으로 마찬가지입니다. 같은 자본주의 사회에서 같은 노동자로서 산다는 객관적인 사실이 서로 연락하면서 지내는지와 무관하게 각자의 자유를 같은 범위로 제한하고, 사회를 같은 방향으로 향하게 하는 기초적인 조건이 되는 겁니다. 즉 각자가 자신의 자유로운 의사에 따라 행동한다는 것은 자연의 세계에는 없는, 법칙이 개인(집단)의 의사를 통해 일관된다는 특징을 사회에 부여하지만, 법칙의 존재 자체에 대한 이유는 될 수 없다는 말입니다.

　어떻습니까? 이야기를 다시 첫 부분에서 언급한 청년들의 정치 대화로 돌려 보면, 역시 일본의 현재 특징과 아베 정치의 폭주 같은 문제를 단지 역사적 우연이나 아베 개인의 생각에 따라 분석하려 하지 말고, 오늘날 그런 형태로 나타날 수밖에 없는 우리 사회의 진짜 모습을 확실하고 깊게 들여다보는 것이 중요하겠죠? 이는 지금의 정치 흐름을 변화시키기 위해 중요한 지점을 알아두는 것과도 딱 맞아떨어지는 일일 테니까요.

　제2화부터는 오늘날의 우리 사회를 파악하는 '사회과학'의 구체적인 내용으로 들어가 보겠습니다.

제2화
우리는
자본주의 사회에 산다

제1화에서는 자연의 양태를 탐구하는 자연과학과 마찬가지로 사회에 관해서도 그 양태를 탐구하는 사회과학이 성립되어 있다고 이야기했습니다. 이제부터는 우리가 살아가는 사회를 '사회과학의 눈'으로 바라보면 어떨까에 대해 알기 쉽게 소개하겠습니다.

첫 번째로, 오늘날 우리 사회가 '자본주의 사회'라는 사실에 관한 것입니다.

자본주의 사회라는 것

여러분은 '자본주의'라는 단어를 들으면 무엇이 연상됩니까? '시장경제'라든가 '자유경쟁 사회'라든가 '돈이 힘이다'

같은 말인가요? 젊은 분 중에는 '워킹 푸어(working poor, 일하는 빈곤층)'나 '블랙기업' 등이 가장 먼저 머릿속에 떠오르는 분도 계실지 모릅니다.

사실 현대 사회를 '자본주의 사회'로 파악해야 한다고 가장 먼저 제기한 사람은 19세기 유럽에서 활약했던 카를 마르크스(Karl Marx, 1818~1883)였습니다. 물론 그때도 자본주의라는 말이 존재하기는 했지만, 이 단계까지 인간 사회 전체를 종합적으로 파악하는 용어로 사용한 사람은 마르크스가 처음이었던 겁니다(실제로는 '자본주의적 생산양식'이라는 까다로운 단어를 사용하는 경우가 많았습니다). 이러한 마르크스의 용어 사용법이 현재는 교과서에까지 등장하는 당연한 일이 됐지만요.

마르크스는 '자본주의 사회'에서 사람의 생활을 떠받치는 경제(사람이 사는 데 필요한 먹을 것, 생활용품, 이를 만들기 위한 기계, 서비스 등 생산과 유통의 구조)의 근본이 노동자를 고용하는 자본가들의 사적 이윤 추구를 원동력으로 한다고 파악했습니다. 이러한 경제에서 자본가와 노동자의 이해가 충돌하는 정치, 그 관계를 성립하기 위해 필요한 법률, 그리고 사회에 대응하는 많은 사람의 문화와 의식이 존재하며, 이 모든 요소가 자본주의 '사회'를 구성한다고 본 겁니다.

통계를 보면, 오늘날 우리 사회의 노동력 인구(일해서 돈 버는 사람들) 중 약 8할이 노동자입니다. 노동자라고 하면 근육이 울퉁불퉁한 육체노동자를 떠올릴지도 모르지만(제가 가르치는 학생 중에도 그렇게 생각하는 경우가 꽤 많습니다), 사회과학의 세계에서 노동자란 누군가에게 고용되어 일하고, 임금을 받아 생활하는 모든 사람을 말합니다. 봉급생활자도, 사무직 여성도, 공무원도, 저 같은 대학 선생도, 병원에서 일하는 의사나 간호사도 모두 노동자입니다.

이에 비해 사람을 고용하는 쪽의 대표 선수는 공장과 기계, 건물 등으로 구성된 '직장'(마르크스는 생산수단이라 했습니다)을 '내 것', '우리 것'으로 소유하는 민간 기업의 자본가입니다. 지금을 기준으로 하면, 기업의 주식을 많이 보유한 형태로 나타나죠. 일상적인 기업 경영을 담당하는 것은 사장과 회장을 정점으로 하는 경영자 집단이지만, 누구를 경영자로 할지 결정하는 것은 주주총회입니다. 그렇기 때문에 경영자 내부에서 큰 대립이 일어나 주주총회가 매듭을 짓는 경우도 발생할 수 있습니다.

많은 민간 기업에서 자본가와 노동자의 관계(노자관계 또는 노사관계)는 지자체와 노동자, 대학과 노동자, 병원과 노동자 같은 식으로 노자관계 전체의 방향을 설정합니다. 공무원의 임금이 '민간 수준'으로 매겨지거나, 사립대학과 병원의 임금이 공무원의 임금을 좌우하는 '인사원人事院 권고에 준거'하는 것이 바로 그 예입니다. 또한 더 넓게 보면, 민간 직장에서의 장시간 노동과 비정규 노동의 확산이 공공기관과 대학, 의료기관에 영향을 미친 탓도 있겠지요.

민간 직장의 노동조건이 나빠질 경우, 원래대로라면 정치가 적절한 법률을 만들어 노동자를 지킨다거나 공무원 노동자를 보호해 사회 전체의 고용의 질 악화를 멈추게 해야 하지만, 유감스럽게도 오늘날 정치는 대자본가들의 이윤 확대를 최우선시하는 실정입니다. 정말 곤란한 일입니다.

이윤은 노동의 성과로부터

그런데 이렇게 구성된 노자관계의 내용은 무엇일까요? 노동자의 입장은 고용되어 일하고 임금을 받는, 누구라도 쉽게 관찰할 수 있는 형태지만, 더 깊이 파고들면 다른 무언가가 드러납니다.

＊ [역주] 국가 공무원의 인사에 관한 사무를 관리하는 일본 내각의 기관.

우선 노동자는 고용하는 사람이 없으면(실직하면, 취직이 안 되면) 누구에게도 임금을 받지 못하고 생활을 꾸릴 수 없습니다. 다른 한편으로 자본가에게 아무리 훌륭한 기계가 있더라도 노동자 없이는 아무것도 생산할 수 없습니다. 이 점에서 노동자와 자본가는 '서로가 없으면 안 되는' 상호 의존, 상호 부조 관계입니다.

하지만 막상 노동자와 자본가는 힘을 모아 이룬 '벌이'를 나누는 단계에서 '당신이 많이 가져가면 내 몫이 줄어든다'는 상호 대립 관계가 되어 버립니다. 이 경우 노자의 권력관계가 모든 것을 결정합니다. 예컨대 사상 최대로 축적된 이윤(내부 보유)을 가진 대기업이라도 노동자의 강한 압박(임금 인상 교섭) 없이 임금이 자동으로 오르는 일은 일어나지 않습니다. 그뿐만 아니라 '지금은 경영상태가 좋아도 앞으로 어떻게 될지 알 수 없다'는 이유로 도리어 임금을 깎는 일마저 일어나는 게 현실입니다.

이렇게 어떤 면에서는 서로 대립적인 두 부류의 사람들이 다른 면에서는 서로 떨어지기 힘든 관계로 묶여 있는 것을 마르크스는 '모순'이라 불렀습니다. 노자의 모순이라고 하면 양자가 대립하는 측면, 혹은 해결해야 할 문제점만을 떠올리는 사람이 많을지도 모르지만, 마르크스는 그렇게 파악하지 않았습니다. 대립과 의존이라는 양면을 동시에 가진 양극의 관계, 그것을 모순이라 보았습니다.

　모순의 어원으로 자주 언급하는 "어떤 방패도 뚫는 창과 어떤 창도 뚫을 수 없는 방패가 동시에 존재한다"는 것은 논리상의 이야기일 뿐 현실에서는 있을 수 없지만, 노자관계는 우리가 늘 맞닥뜨리는 현실적 모순입니다. 이를테면 저는 사립대학의 교직원조합 위원장을 몇 번 지냈는데요. 한편으로 더 나은 학교가 되도록 경영 안정을 위해 경영진과 협력하면서, 다른 한편으로는 임금 인상과 복지시설 확충 등을 둘러싸고 경영진과 깐깐한 교섭을 반복했습니다. 그런 생활은 제가 마르크스의 노자관계론이 갖는 정당성을 새삼 실감한 계기이기도 했습니다.

　이런 노자관계에서 자본가는 자신들의 벌이(이윤) 확대를 추구합니다. 마르크스는 단적으로 "자본이란 자기 증식하는 가치의 운동체"라고 말했습니다. 즉 자본(기업)은 자본끼리의 경쟁이 불가피한 자본주의 아래서는 물건이나 서비스 판매를 통한 이윤 추구를 스스로 그만둘 수 없는 존재, 만약 그만둔다면 경쟁에 패배해 자본의 자리를 내놓을 수밖에 없는 존재라는 이야기입니다.

　이윤을 확대하기 위해 자본은 필요한 원재료를 가능한

한 싸게 구입해 하청 기업에 가능한 한 싼 단가로 일감을 주지만, 생산한 상품은 가능한 한 비싸게 팔려고 합니다. 또 노동자에게는 적은 임금만 주면서 가능한 한 많은 일을 시키려고 합니다.

그러나 대자본이든 중소자본이든 싸게 사들인 것을 비싸게 팔아 그 차액으로 돈벌이하는 방법은 총자본과 소비자가 서로 나눠야 할 이익 전체를 늘리는 게 아닙니다. 다른 자본과 소비자로부터 부를 빼앗으려는 제로섬 게임일 뿐이죠.

여기서 마르크스가 초점을 맞춘 것은 자본이 노동력을 구입할 때마다 지급하는 시장 가격(임금)과 그 노동력을 소비하고(노동을 시킴으로써) 새롭게 생산하는 경제적 가치의 차액 문제였습니다. 자본은 노동자에게 지급한 금액보다 큰 경제적 가치를 챙기려 하는데, 그 차액의 본질을 마르크스는 '잉여노동' 혹은 '잉여가치'로 표현했습니다. 이는 등가교환을 원칙으로 하는 시장경제하에서 자본과 자본주의 경제가 왜 확대되는가의 의문을 처음 밝혀낸 것이었습니다(이것은 애덤 스미스나 데이비드 리카도 같은 마르크스 이전의 고전파 경제학자들이 해결하지 못한 문제이기도 했지요). 이로 인해 자본이 가능한 한 싼 임금으로 가능한 한 긴 시간(휴식

시간까지 빼앗아가면서), 가능한 한 높은 집중도·강도를 유지하며 일할 것을 노동자에게 요구하는 이유가 이 잉여가치를 극대화하기 위해서라는 게 밝혀졌습니다. 오늘날 우리 사회에 노동자를 아무렇지 않게 '과로사'로 몰아넣는 블랙기업이 만연한 것을 근본적으로 설명하는 논리이기도 하지요.

노자관계가 상호 의존과 동시에 가지는 상호 대립의 내용은 위와 같습니다. 이 관계에서 노동자가 육체적 건강을 지키면서 인간다운 노동조건을 지키려 한다면, 노동조합으로 모여서 저항해 더 나은 노자관계를 구축하는 노력이 필요합니다. 나아가 언제까지나 노자관계라는 구조를 감수할 것이 아니라 노자로 나뉜 사회 분열을 뛰어넘어 더욱 공동체적인 경제관계를 만들어갈 필요가 있습니다. 마르크스는 이렇듯 자본주의 안에서 일하는 사람들에게 삶 속에서 싸워 나갈 수 있는 지침을 제시했습니다.

사회과학과 노자 대립

잠시 제1화에서 다룬 '사회과학이란 무엇인가'와 관련해 보충 말씀을 드리겠습니다. 앞서 저는 자연에 대한 과학과 마찬가지로 사회에 대한 과학도 성립될 수 있다는 점, 사람들의 자유로운 의사도 사회의 객관적인 법칙을 부정하는 것은 아니라는 점을 이야기했습니다. 여기 추가하고 싶은 이야기는 노자 대립 같은 커다란 사회 분열과 대립이 과학의 구체적인 양태에 적지 않은 영향을 줄 수 있다는 문제입니다. 단적으로 말해 이해가 과학을 왜곡시키는 일이 있다는 것이죠.

원자력 발전 확대 즈음에 있었던 '원전 안전 신화' 선전이 알기 쉬운 예입니다. 원전의 위험성, 핵에너지를 제어하는 인간의 지식·기술의 미숙함을 지적하는 과학자도 수없이 많았지만, 원전으로 돈을 벌려는 전력회사와 원전 메이커, 또한 그들과 엮여 있는 정부와 언론의 움직임에 동조해 '안전 신화' 확산 역할을 한 과학자도 안타깝지만 꽤 많으니까요.

이와 비슷한 사례는 경제 정책의 근본에 자리잡은 사고방식에서도 나타납니다. '경기 회복은 대자본부터'라면서, 우선 대자본이 윤택해지면 서민의 생활도 언젠가 개선된다는 낙수효과trickle-down effect '이론'이 그것입니다. 이로 인해 대자본을 우대하기 위한 법인세 감세와 그로 인한 부족분을 메꾸려는 소비세 증세, 대자본의 돈벌이할 자유를 확대하는 규제 완화, 대자본의 형편에 맞춰 노동력을 공급하려는 노동법제 개악 등의 정책이 등장하는 것입니다.

저는 이것에 '이론'이라는 이름을 붙일 가치가 없다고 생각합니다. 정당성을 제시하는 증거, 데이터가 전혀 없다는 것이 그 이유입니다. 도리어 국내 소비력(국내 소비력의 최대 부분은 개인 소비입니다)이 파탄나고, 대자본의 내부 보유 확대와 국민 생활의 빈곤화라는 격차 확대의 현실이 존재하기 때문입니다. 낙수효과 이론은 그렇게 해서 큰돈을 벌어들이려는 대자본의 욕구를 일부 과학자가 이론적으로 포장한 것에 지나지 않습니다. '낙수효과 경제'론은 '원전 안전 신화'와 마찬가지로 현실에 대한 정확하고 객관적인 이해를 왜곡해 그 바탕 위에 서 있는 '신화'입니다.

이렇게 과학의 세계에서는 자본의 이익 때문에 사회의 진짜 모습을 탐구하는 과학의 행위가 왜곡되는 일이 종종 일어납니다. 따라서 과학자들의 세계에도 진실을 탐구하는 것이 과학의 본분이라는 당연한 자세를 경제적 이해관계에 기초한 여러 유혹으로부터 지키고, 일관되게 유지하기 위한 준비가 필요합니다. 대학 등의 연구기관이 자본의 요청에 굴복하지 않는 것, 또는 자본의 요청에 따른 정부의 움직임에 굴복하지 않는 것은 인간 사회 발전에 커다란 의미가 있는 노력이라 하겠습니다.

다시 본론으로 돌아가겠습니다.

"현대 사회는 자본주의 사회"라는 말은 현대에 이르기 이전의 사회가 자본주의 사회가 아니었다는 말입니다.

예컨대 에도 시대 경제를 지탱하던 생산자의 중심은 농민이었는데, 농민은 누군가에게 고용되어 일하고 그 보수로 임금을 받는 관계에 편입되어 있지 않았습니다. 어민, 수공업자 등과 더불어 농민은 자신이 재배한 쌀이나 채소 등의 절반쯤을 쇼군將軍을 정점으로 하는 지배층에 대가 없이 바칠 수밖에 없었습니다. 이는 '연공年貢'이라 불렸습니다. 이런 관계를 성립하는 근본에는 바치지 않으면 '칼로 베어버린다'는 힘에 의한 강제, 또한 그런 사회를 당연한 것으로 이해시키는 크고 작은 사상과 종교 등이 있었습니다.

좀 더 나아가 돈으로 물건을 사는 '화폐경제'가 일본의 광범위한 지역에 성립된 것이 무로마치 시대室町時代*의 일이니, 그 이전에는 노동의 성과를 돈으로 사는 일 자체가 일반적으로 성립되지 않았던 겁니다(화폐를 필요로 하는 상품경제의 발전이 애초에 미성숙했기 때문에 고대의 화폐는 널리 보급되

---

* [역주] 무로마치 막부에 의해 통치되었던 시대(1338~1573)

지 않았습니다).

　이렇듯 인간 사회에는 노자관계를 축으로 하며, 시장경제와 화폐경제가 토대인 자본주의 이외에도 다양한 사회가 존재했습니다. 뒤집어 생각하면 자본주의 사회도 결코 인간 사회의 영원한 모습이 아니라 인간 사회의 어떤 발전단계, 또는 다양한 인간 사회의 한 가지 유형일 뿐이라는 겁니다. 우리는 때마침 '자본주의라는 유형의 사회'에 태어났을 뿐입니다.

　마르크스는 이런 거시적인 시각에서 인간 사회의 역사를 크게 원시 공동체 사회, 고대 노예제 사회, 중세 봉건제(무사) 사회, 근대 자본주의 사회라는 네 가지 단계로 나누어 파악했습니다. 이는 어디까지나 대략적인 성격을 지니며, 역사를 규명할수록 더 적확한 역사 파악이 이루어질 것이라는 전제하에 마르크스가 진행한 구분입니다. 덧붙여 마르크스는 당시까지의 역사가 몇 번이나 크게 변화한 것처럼, 자본주의도 그다음 단계의 사회로 바뀔 것으로 생각했습니다. 그 가능성과 필연성은 자본주의 내부에 있다면서 마르크스는 무엇보다 눈앞의 자본주의를 철저하게 분석했습니다. 그리고 그 성과는『자본론』이라는 거대한 저작으로 정리됐습니다.

인간 사회의 미래와 관련해서는 틈나는 대로 다시 살펴보기로 하고, 여기서는 제2화의 마지막 화제로 자본주의 사회의 탄생 시기를 알아보겠습니다.

자본주의 사회는 경제 영역에 노자관계가 안정되면서 성립된 것이 특징입니다. 즉 노자관계 확립의 탄생 기준이 된다는 이야기입니다. 봉건제 사회의 권력을 넘어뜨리고 자본주의 사회의 권력을 세우는 정치혁명을 '부르주아혁명'(이는 오락가락하며 일정한 기간을 수반하는 과정이고, 몇 가지 단계를 거치는 것이 일반적입니다)이라 부르는 데 비해, 경제 영역에서 이 변혁은 '산업혁명'이라 불립니다. 구체적으로는 기계 발명, 기계 수입에 근거해 기계제 대공업이라 불리는 공장 제도가 널리 확립되고, 이에 따라 자본가의 노동자에 대한 경제적 지배가 안정적으로 실현된 것이었습니다.

기계 이전의 단계에서는 같은 노자관계라 해도 고용된 노동자는 숙련된 기능을 자신의 도구를 사용해 발휘하는, 현대적으로 이야기하면 장인과 같은 사람들로, "내 실력이 없으면 아무것도 되지 않는다"고 할 만큼 자본가에게 저항할 상당한 능력이 있었습니다. 자본가들이 이를 벌금제도로 억압하려 한 역사도 『자본론』에 등장합니다. 하지만 기계가 발명되자 숙달된 장인의 성격을 띤 노동자의 입지도 점점 좁아졌습니다. 그 결과 이번에는 자본가가 노동자에게 "너를 대신할 사람은 얼마든지 있어"라고 말할 수 있게 되고, 자본가가 경제활동 현장을 안정적으로 지배하기에 이릅니다.

세계 최초로 산업혁명을 이룬 나라는 영국입니다. 이는 18세기 말부터 19세기 초에 걸쳐 일어난 일로, 당시 사람들의 노동시간은 정점에 달했습니다. 아울러 노동자의 건강과 생명을 지키기 위한 노동조합이 각지에서 일제히 만들어져 노동자들의 투쟁이 고양됐습니다. 오늘날 일본의 노동기준법에 해당하는 공장법이 만들어진 것은 산업혁명 직후의 일입니다.

일본에서는 메이지 정부가 도쿠가와 쇼군 가문이 정점이던 봉건제 권력을 넘어뜨리고 구미 국가들에 대한 저항을 강화하고자 군수 주도로 자본주의 육성을 서둘렀습니다. 이로 인한 산업혁명 종료는 20세기 초의 일입니다. 즉 일본에서 자본주의 사회의 역사는 이제 겨우 100년을 넘긴 정도입니다. 가령 부모 자식의 나이 차를 25년으로 보고 다섯 세대 정도만 거슬러 올라가면, 당시 조상들은 자본주의 성립 이전의 사회에 살았다는 이야기가 됩니다.

이렇게 보면 사회 변화는 의외로 빠르다고 할 수 있죠. 제2화는 여기서 끝맺도록 할게요. 핵심은 오늘날 우리 사회가 자본주의 사회라는 겁니다.

제3화

정치는
재벌을 좋아해

제2화에서는 오늘날 우리 사회를 가장 크게 특징짓는 '자본주의'에 관해 이야기했습니다. 이번에는 좀 더 구체적으로 우리 사회 구석구석에 강한 영향력을 미치는 '재계財界'에 대해 생각해 보겠습니다.

대기업·재계가 젠체하는 자본주의

'재계'라는 단어를 들으면 여러분은 무엇이 떠오르나요? '부자들의 사교의 장', '특별 주문한 양복을 빼입고 시가를 문 아저씨들의 모습', 최근에는 '아베 총리와 요릿집에서 호화로운 저녁식사를 하는 사람들의 모임' 같은 이미지도 포함될지 모르겠네요.

인터넷 국어사전에서 '재계' 항목을 찾아보니 "대기업을 중심으로 한 실업가들이 구성하는 사회·경제계"라고 되어 있습니다. 재미있는 것은 이어서 '재계 총리'라는 항목이 있는데, 거기에는 "흔히 일본경단련(일본경제단체연합회) 회장을 말함. 재계 의견을 취합해 국정에 큰 영향력을 행사한다"라고 쓰여 있었습니다.

아주 좋은 지적입니다. 재계를 생각할 때 가장 중요한 점은, 그것이 자본의 희망사항을 관철하기 위한 활발한 '운동단체'라는 사실이니까요. 그럼 차례로 살펴볼까요. 우선은 재계 탄생의 역사입니다.

시대는 19세기 말부터 20세기 초로 거슬러 올라갑니다. 이 시기 자유경쟁을 특징으로 하던 그때까지의 자본주의는 대자본에 의한 지배라는 새로운 특징을 보이게 됩니다. 당시를 심도 있게 규명한 사람은 러시아 혁명의 지도자 레닌이었습니다(비록 여러 가지 약점도 지적되지만, '마르크스로부터 배워 자신의 머리로 현실을 생각한다'는 자세를 견지하면서 학문 분야에서도, 정치 활동 분야에서도 커다란 발자취를 남긴 사람이기도 합니다).

19세기 말 자본주의 경제에는 유럽 국가들을 중심으로 1893년부터 20년 이상 이어진 '대불황' 시기가 있었습니다.

이 기나긴 불황 중에서 자본끼리의 자유로운 경쟁이 극에 달해 강한 자본이 약한 자본을 격렬하게 삼켜버립니다. 그 결과 자본이 노동자를 착취하는 근본적인 특징은 유지되면서도 이에 더해 대자본이 중소자본을 지배하는 대자본 중심형의 자본주의(이것을 레닌은 독점자본주의라 불렀습니다)가 태어납니다. 대자본은 자신의 기업 노동자뿐만 아니라 부품과 원료를 납품하는 중소 하청자본도 착취하게 된 겁니다.

자본의 거대화를 지탱하기 위해 다수의 주주로부터 자금을 끌어모으는 '주식회사'의 형태가 확산한 것도 이 무렵입니다. 아무리 부자라고 해도 대자본은 어느새 소수가 부담하는 돈으로 경영하기 힘든 규모가 된 겁니다.

이런 자본주의 경제의 변화 속에서 구미 국가들을 중심으로 '경영자 단체'가 생겼습니다. 초기에는 산업 분야마다 존재하는 업계 단체의 형태를 띠었습니다. 수많은 자본이 경쟁하던 당시까지의 자유경쟁 단계에서는 자본의 의견을 취합하기 어려웠습니다. 하지만 소수의 대자본(레닌이 독점자본이라 부르던)끼리 대화하면서 의견 조정이 무척 쉬워졌습니다. '가격 인하 경쟁은 그만하자', '가격 인상은 같은 날, 같은 금액으로 하자'는 가격 협정을 대표로, 각종 협정

(서로 간의 경쟁을 제한하기 위한 약속)이 여기저기서 맺어졌습니다. 그리고 보면 일본에서도 4대 맥주 회사는 반드시 발맞춰 가격을 인상하고, '우리 상품이 싸다'는 대자본의 광고를 TV에서 거의 볼 수 없죠. TV에서 '싼 가격'을 판매 포인트로 삼는 것은 일부 할인점이나 인터넷쇼핑 정도일까요.

더욱이 대자본은 산업 분야마다 정해져 있던 틀을 넘어 온갖 분야를 넘나드는 종합적인 '경영자 단체'를 만들어갑니다. 이것이 오늘날 이야기하는 '재계'의 시작입니다. 국민이 주권자인 나라가 적었던 시대의 일이지만, 재계 단체는 강력한 자금력을 기반으로 정치가를 매수하고 언론도 이용해 사회 곳곳에 지배의 손길을 뻗쳤습니다. 레닌은 이런 사회의 특징을 당시 수많은 연구자와 마찬가지로 '금융 과두제'라 불렀습니다. 대자본가 중심의 소수 대부호에 의한 사회 지배라는 겁니다.

일본 재계의 탄생과 전후의 부활

다음으로 현대 일본의 재계와 그 실제 활동을 살펴보겠습니다. 현재 일본의 재계 단체는 세 곳이 주축입니다. 첫 번째는, 1300명 이상의 자본가가 모여 토의·조사·연구에 주안점을 두는 동시에, 사회에 활발한 의견 표명(발신)을 하는 경제동우회입니다. 재계의 오피니언 리더로도 불립니다. 두 번째는, 전국 514개 상공회의소를 통해 216만 개의 사업소를 총괄하는 일본상공회의소(일상)입니다. 여러분이 생활하시는 지역에도 상공회의소가 있거나 그것이 만들어지려 할지도 모르겠네요. 그리고 세 번째가 재계의 한가운데에 묵직하게 자리잡아 '재계 총본산'이라고도 불리는 일본경단련입니다. 1400개 이상의 대자본·업계 단체·지방 단체로 구성된 일본경단련은 재계 전체의 요구를 하나로 정리해 그것을 실현하고자 정부를 비롯한 사회 각 분야에 영향력을 행사하고 있습니다. 앞서 살펴본 국어사전이 '일본경단련 회장'을 '재계 총리'라 부르는 걸 봐도 알 수 있듯이, 일본경단련은 재계 단체의 중심 조직입니다. 이 3개 단체 간에는 자본 및 개인 임원의 중복과 이동이 빈번하게 이루어집니다.

여기서 역사를 조금 살펴보겠습니다. 일본의 재계 단체는 1922년 일본경제연맹회로 시작됩니다. 그 뒤 몇 번이나 조직을 재편하면서 재계 단체는 점차 힘을 키웠습니다. 1894년 청일전쟁부터 일본은 아시아 침략을 반복·확대했는데, 때때로 재계 단체도 전쟁 추진에 큰 역할을 했습니다. 그랬기 때문에 패전 후 연합국을 대표해 일본을 군사점령(1945~1952)했던 미국은 군부와 정치가뿐만 아니라 재벌에 대해서도 "(전후) 일본 최대의 전쟁 잠재력"*이라 지적했습니다. 점령군의 엄중한 감시로 1946년 만들어진 경제단체연합회는 정·부회장을 정할 수도 없었습니다. 대표적 인물이 모두 침략전쟁의 협력자들이었기 때문입니다.

그러나 1947~1948년 미국은 일본을 다시는 침략전쟁을 벌이지 않는 작은 나라로 만든다는 포츠담선언(연합군의 대일 점령 방침)의 노선에서 '대미 종속적 군사 대국'으로 육성한다는 노선으로 점령 목적을 전환합니다. 포츠담선언의 합의를 내던져버린 겁니다.

이에 따라 재계와 그 지도자들의 위치도 감시의 대상에서 활용의 대상으로 바뀌었고, 1948년 일본경단련 초대회장으로 이시카와 이치로石川一郎가 선출되기에 이릅니다. 이시카와도 전쟁 중 화학산업 분야에서 국가에 의한 산업 통제 추진 역할을 한 인물이었습니다. 또 일본경영자단체연맹(일경련)은 점령군이 주도하던 일본 사회의 '전후 개혁'(그 가운데에는 노동조합 결성과 경제 민주화 등이 포함되어 있었습니

* 　　폴리Edwin W. Pauley 보고서

다) 때문에 겁에 질려 있던 과거를 딛고, 1948년 "경영자여, 제대로 강해지라"는 자신감에 찬 선언과 더불어 설립됐습니다. 1946년 기업 경영의 민주화를 내걸고 '수정 자본주의'를 주장하며 발족한 경제동우회도 점령 정책 전환 과정에서 수정 노선을 철회했습니다.

이렇듯 전후 일본 재계는 미국의 점령 정책에 이끌려 미국 의향에 따름으로써 경제적인 지배자의 지위를 회복할 수 있었습니다. 오늘날의 일본경단련은 경단련과 일경련이 2002년 합쳐진 것입니다.

정부의 최고회의까지 파고들다

일본경단련의 현 회장은 사카키바라 사다유키(榊原定征)로, 화학회사 도레이 출신입니다. 부회장으로는 제조, 보험, 금융, 증권, 운수, 자원, 통신, 무역 등 광범위한 분야에서 18명이 선출됐습니다(2015년 6월 현재). 하지만 소매업이나 서비스업이 포함되지 않은 것과 관련해서는 재계 내부에서도 어느 정도 비판이 있었고, 2012년에는 인터넷 비즈니스 추진에 특화된 '신경제연맹'이 새롭게 만들어지기도 했습니다. 하지만 현시점에서 일본경단련이 재계 전체의 최상위

지도부라는 것은 틀림이 없습니다.

2015년 6월 2일 정기총회(연 1회)에서 일본경단련은 2015년도 '사업 방침'을 결정했는데, 다음의 정책 과제가 포함됐습니다. "사회보장을 억제하면서 2017년 4월 소비세 인상을 확실하게 실현하고, 법인 실효 세율을 조기에 20%대로 인하한다. 원전을 재가동하고 2030년 원전 비율 25% 이상을 포함, 적절한 에너지 믹스energy mix**를 책정한다. 지역 활성화를 명목으로 기업의 농업 분야 진입 촉진 및 농지 집적 추진으로 경영 규모를 확대한다. 환태평양 경제동반자협정(TPP)은 대기업 성장에 필요불가결하다." 그밖에도 고령자·여성·외국인 노동력을 값싸게 활용하는 것과 기업 맞춤형 인재 만들기를 위한 교육 개혁 등이 포함됐습니다. 돈벌이 확대를 위한 대기업의 본심을 질릴 만큼 즐비하게 늘어놓았다 해도 좋습니다.

그럼 이런 본심을 재계는 어떻게 실현하려 할까요? 한 가지 방법은 '기부' 명목의 정치 매수입니다. 이는 100년 전에 레닌이 분석한 것과 다르지 않습니다.

* 　　대표이사는 라쿠텐의 미키타니 히로시三木谷浩史.

** 　　[역주] 전원 구성.

2013년 1월 발표된 "국익·국민 본위의 질 높은 정치 실현을 위해"라는 문서에서 일본경단련은 각 정당이 우리 의견을 어느 정도 실행하는지, 또는 실행하려 하는지 평가하고, 이에 근거해 '정치 기부'를 하겠노라고 재차 표명했습니다. 요컨대 '재계 중심' 정치에 많은 돈을 내놓겠다는 겁니다. 또한 이 문서는 2012년 말 발족한 아베 정권이 경제 정책 추진의 '사령탑'으로서 경제재정자문회의를 부활하고, 일본 경제재생본부를 설치한 것을 높이 평가했습니다. 재계가 정치를 움직이는 두 번째로 중요한 방법은, 정부의 각종 사령탑에 재계 사람들을 심는 겁니다.

현재 경제재정자문회의에는 사카키바라 사다유키(일본경단련 회장), 니나미 다케시(新浪剛史, 산토리홀딩스 대표이사)가 들어가 있습니다. 또 일본 경제재생본부는 담당상뿐인 회의지만, 그 산하에서 '성장 전략'을 구체화하는 산업경쟁력회의에는 고바야시 요시미쓰(小林喜光, 미쓰비시케미컬홀딩스 사장, 경제동우회 대표간사), 사사키 노리오(佐々木則, 도시바 부회장, 일본경단련 부회장), 미무라 아키오(三村明夫, 신일본제철 명예회장, 일본상공회의소 회장), 미키타니 히로시, 오카 모토유키(岡素之, 스미토모상사 상담역), 가네마루 야스후미(金丸恭文, 퓨처아키텍트 회장 겸 사장), 고무로 요시에(小室淑惠,

워크라이프밸런스 사장) 등이 들어가 있습니다. 다양한 분야의 재계 사람들이 갖춰져 있는 진용입니다. 이 두 가지 회의는 마치 재계에 점령된 것 같은 상태로, '잔업수당 제로'나 '평생 파견' 제도까지 포함한 재계 중심 정책의 진정한 발신지가 되고 있습니다.

오늘날 우리 사회는 자본주의 사회일 뿐만 아니라, 재계 단체가 소수 대자본의 뜻대로 정부를 포함한 사회 곳곳을 물들이는 '대자본 중심 사회'가 된 겁니다.

제4화

미국은 우리의 안전을 지켜주려는 걸까?

제2화와 제3화에서는 우리 사회를 '정치와 경제'라는 각도에서 생각해 봤는데, 이번에는 미국과의 국제관계를 중심으로 살펴보겠습니다. 중일관계, 한일관계 등 중요한 국제관계가 많이 있건만, 왜 여기서 미일관계를 다룰까요? 그이유는 현대 일본 사회의 모습에 결정적이라 할 수 있을 만큼 강한 영향력을 갖고 있기 때문입니다.

두 개의 미·일 안보조약

2014년 2월 오키나와현 지사선거에서는 나고시의 헤노코 미군기지 건설이 최대 쟁점이었고, 결국 기지 건설에 반대하는 오나가 다케시翁長雄志가 당선됐습니다. 또한 2014년 12

월 중의원선거에서는 기지 건설에 반대하는 '올(all) 오키나와' 후보들이 모든 소선거구에서 승리했습니다. 오키나와 주민의 여론은 분명하며, 최근에는 일본 전국의 여론을 보더라도 기지 건설 강행이라는 정부 자세를 비판하는 목소리가 다수를 차지합니다. 헤노코 미군기지 건설 문제가 국민 의식 측면에서 드디어 전국적인 이슈로 떠오른 겁니다.

현재 일본에는 130곳 정도의 미군기지가 있고, 70% 이상이 오키나와에 집중되어 있습니다. 일본에는 왜 이렇게 미군기지가 많을까요?

그렇습니다. 바로 미·일 안보조약 때문입니다. 일본과 미국이 맺은 약속인 미·일 안보조약에는 이런 문장이 있습니다. "일본국의 안전에 기여하고, 아울러 극동의 국제 평화 및 안전 유지에 기여하기 위해 아메리카합중국은 육군·공군·해군이 일본국의 시설 및 구역을 사용할 수 있도록 허락받는다."(제6조)

'일본의 안전'과 '극동의 평화'를 위해서라면, '시설과 토지를 얼마든지 제공하겠다'는 약속을 일본 측에서 한 겁니다. 덧붙여 여기 등장하는 '극동'이란 유럽(특히 영국)이 중심인 세계 지도에서 동쪽 끝에 해당하는 것이 동아시아 지역이라는, 그들 입장에서 붙여진 이름입니다. 지명에도 세계의 역사가 나타나는 거죠.

"미국은 우리의 안전을 지켜주려는 걸까?"라는 지극히 당연한 의문은 일단 제쳐두고 좀 더 이야기를 해 보겠습니다. 이 조약이 언제, 어떤 상황에서 맺어졌는지 아시나요? '언제'냐는 물음의 정답은 1960년입니다. 그리고 '어떤 상황에서'라는 질문에 대한 답은 국론이 크게 양분되어 안보투쟁이라 불리는 국민적 반대운동을 누르고 당시 기시 노부스케 총리가 억지로 성립했다는 겁니다. 기시 총리는 아베 총리의 할아버지인데, 어쩐지 아베 총리는 할아버지에게 억지스러운 정치 운영 방식을 그대로 배운 것 같죠? 역사적 사실을 보면, 기시 총리는 이 '억지' 때문에 수상의 자리에서 내려오게 되지만 말입니다.

그런데 이 조약에는 앞선 것이 있었습니다. 그래서 1960년에 성립된 안보조약을 '신新안보조약'이라 부르기도 합니다. 이미 '구舊안보조약'이 맺어져 있었다는 겁니다.

구안보조약의 발효, 즉 조약이 효력을 발휘하게 된 것은 1952년 4월 28일인데, 이날이 무슨 날인지 아시나요? 바로 미국에 의한 점령 상태가 끝나고, 일본이 '독립'을 회복한 날입니다. 샌프란시스코 강화조약에 근거해서였습니다. 연합국 각국과 일본이 이 조약에 관해 이야기한 것이 1951년

9월에 있었던 샌프란시스코 강화회의이고, 이 조약에 대한 각국의 조인이 이루어진 것은 9월 8일의 일이었습니다.

다만 이 회의는 '미소냉전'을 배경으로 한 미국 등의 정치적 의도와 그에 대한 일본의 동의로, 연합국 일원이던 중국, 타이완, 일본의 식민지배하에 있던 북한, 한국 등은 초청되지 않았습니다. 여기 불만을 품은 인도, 유고, 미얀마가 불참했으며, 중국 등의 출석을 요구한 소련, 폴란드, 체코도 회의에는 참가했지만 조약에 조인하지는 않은 비정상적인 결말을 맞았습니다. 이렇게 일본은 전쟁했던 모든 나라와 화해(전면 강화라고 합니다)한 게 아니라, 그저 미국이 일본을 용서하는 형태로 화해(편면 강화라고 합니다)하는 대단히 균형적이지 못한 형태로 전후 세계에 복귀한 겁니다.

샌프란시스코 강화조약에 조인하던 날 미·일 두 나라가 살그머니 맺은 것이 최초의 안보조약입니다. 거기에는 이런 내용이 적혀 있었습니다.

"평화조약 및 이 조약의 효력 발생과 동시에 아메리카합중국의 육군·공군·해군을 일본 국내 및 그 부근에 배치할 권리를 일본국은 허여하고, 아메리카합중국은 이를 수락한다."(제1조)

이 시점에 일본은 미군이 일본 국내에 기지를 가질 권리를 미국에 '기꺼이' 양도한 겁니다. 그게 바로 일본에 수많은 미군기지가 들어서는 계기가 되었죠.

일본 전역의 군사점령

그런데 실은 바로 그전에도 다른 이야기가 하나 더 있었습니다. 미군에 의한 일본점령이 그것입니다. 1945년 전쟁에 진 일본은 연합국을 대표하는 미군에 의해 군사점령되었습니다. 1945년 8월부터 1952년 4월까지 햇수로 8년이나 이어진 점령 동안 일본은 '대미 종속'을 포함해 지금 사회의 기본적인 구조를 확립했습니다. 기지는 이 군사점령기 동안 일본 전역에 수도 없이 세워집니다.

여기에는 좀 더 복잡한 사연이 있습니다. 미군의 점령 정책이라는 것이 햇수로 8년이라는 시간을 지나던 도중 훌렁 뒤집어진 겁니다. 점령 초기 미군은 일본을 평화와 민주주의의 나라로 만들려 했지만, 1947~1948년 이후부터 일본을 '대미 종속 군사 대국'으로 육성하는 길로 나아갑니다. 이 길은 일본을 미국의 군사기지 국가로 변모시키는 길이기도 했습니다. 이 부분을 좀 더 자세히 살펴보겠습니다.

1945년 8월 14일 일본 정부는 '포츠담선언' 수락을 연합국 측에 회답합니다. 포츠담선언은 일본의 항복과 전후 개혁 방향을 제시한 연합국의 13개조 선언입니다. 미국, 영국, 중국의 명의로 발표된 것이었습니다(일본 항복 전에 소련도 서명). 그리고 그다음날인 8월 15일에 쇼와昭和 천황이 전쟁이 끝났음을 국민들에게 라디오로 전합니다. 소위 '옥음玉音 방송'이라는 것이었습니다. "참기 어려운 것을, 참고 견디기 어려운 것을, 견딘다" 어쩌고 하는 거 말이에요. 이 음성과 광경을 TV에서 봤거나 들어본 분이 계실까 모르겠습니다만.

그리고 9월 2일이 되어 일본은 항복 문서에 사인합니다. 도쿄만에 정박한 미국 전함 미주리호에서였습니다. 이런 과정이 있었기에 일본은 8월 15일을 종전 기념일로 삼게 되었지만, 연합국 측에서는 9월 2일을 대일 전승 기념일로 하는 나라가 많습니다.

일본이 8월 15일을 기념일로 한 것은, 쇼와 천황의 '성단(성스러운 결단)'에 따라 평화의 길이 열렸으니 천황이 평화를 사랑하는 사람이라는 새로운 '신화'를 만들어 보려는 꿍꿍이였습니다. 침략전쟁 중에는 일본의 최고 권력자이자 군대의 최고 책임자였는데, 평화 어쩌고 하는 건 말도 안되는 소리였지만, 전후에도 천황제와 쇼와 천황을 연명하기 위해 이런 고식적인 수단을 취한 겁니다. '항복'을 '종전'

이라 속이면서 얼버무린 것도, 전쟁을 개시하고 국내외에서 수많은 희생자를 낸 전쟁 지도자의 책임을 최대한 애매하게 만들려는 의도에서였습니다.

다시 이야기를 원래 방향으로 돌려 보죠. 포츠담선언 수락 회신을 한 지 보름 뒤인 8월 28일 미군이 일본 본토에 상륙합니다. 그리고 이틀 뒤인 8월 30일 더글러스 맥아더 육군 원수가 선글라스에 파이프를 물고 가나가와현 아츠기^{厚木} 해군비행장에 내렸습니다. 맥아더는 연합군 최고사령관에 취임하고, 10월에는 그 총사령부GHQ가 도쿄에 설치됩니다. 그리고 이 총사령부는 전후 점령 정책 수행의 최고사령부로 자리매김하게 되지요.

평화·민주의 일본을 지향한 포츠담선언

일본은 포츠담선언을 받아들이고 연합국에 항복했습니다. 일본의 패배에 대해 때때로 무조건 항복이라는 말이 쓰이듯이, 그 내용은 포츠담선언이 부여하는 모든 조건을 받아들이고 항복하는 것이었습니다.

포츠담선언에는 다음과 같은 취지의 문장이 포함되어 있습니다.

"일본 국민을 속여 세계 정복에 뛰어드는 과오를 범한 세력을 제거한다."(제6조)

"포로 학대를 포함한 일체의 전쟁 범죄인은 처벌받는다.", "언론, 종교 및 사상의 자유와 기본적 인권 존중을 확립한다."(제10조)

"일본국 국민이 자유롭게 표명한 의사에 따라 평화적 경향의 책임 있는 정부가 수립되면 점령군은 철수한다."(제12조)

요컨대 전후 일본을 고쳐 다시는 침략전쟁을 벌이지 않는 평화로운 나라로 만든다는 겁니다. 어쨌든 일본은 1894년 청일전쟁부터 50년 이상이나 침략을 반복한 20세기 유례없는 침략 대국이었기 때문에, 이 방침에 근거한 일본의 개혁은 GHQ의 중심 업무가 되었습니다.

맥아더의 행동은 상당히 민첩해서 1945년 10월에는 당시 시데하라 기주로幣原喜重郎 총리에게 '5대 개혁 지령'을 전달했습니다. 점령 기간에도 일본에 정부는 있었지만, 기본 역할은 GHQ가 명하는 점령 정책 시행을 하청하는 것이었습니다.

맥아더의 '5대 개혁'은 ① 여성에게도 선거권을 부여하고, 여성을 무권리 상태로부터 해방한다, ② 공정한 노자관계를 만들기 위해 노동조합 결성을 촉진한다, ③ 정부 의도에 좌우되지 않는 민주적인 학교 교육제도를 만든다, ④ 민주주의를 탄압한 비밀경찰(특별고등경찰)을 폐지하고, 사상·신조를 이유로 투옥된 정치범을 석방한다, ⑤ 소수의 대자본(재벌) 횡포가 통용되는 경제구조를 자유로운 경쟁에 기초한 것으로 개혁한다 등의 내용이었습니다.

일본국헌법 제정

같은 해 10월 맥아더는 그때까지의 대일본제국헌법을 대신할 신헌법 제정을 지시합니다. 시데하라 기주로幣原喜重郎 내각은 헌법 담당상으로 마쓰모토 조지松本烝治를 앉혔습니다. 그리고 각 정당도 신헌법에 의견을 내기 시작합니다. '주권자가 누구냐'에 초점이 맞춰졌습니다.

　1945년 11월 일본공산당은 "주권은 인민에게 있다"고 주장했습니다. 1946년 1월이 되자 일본자유당이 "통치권의 주체는 일본 국가", "천황은 통치권의 총람자総攬者"라고 주장합니다. 2월에는 일본진보당에서 "천황은 신민의 보좌를 받아 헌법의 조규條規에 따른 통치권을 행사한다"라는 이야기를 꺼냈습니다. 두 정당 모두 천황에 의한 '통치'를 주장한 겁니다. 또한 같은 달 일본사회당마저 "주권은 국가(천황을 포함한 국민 협동체)에 있다"는 입장을 내놨습니다. 천황 주권의 길을 남겨 놓으려 한 것이죠.

이 사이 정부는 독자적인 신헌법 안을 작성해 1946년 2월 8일 마쓰모토 담당상이 GHQ에 제시합니다. 하지만 그 내용은 "천황을 지존으로 하고 침해하지 않는다" 등 종래의 대일본제국헌법을 계승한 것에 지나지 않았습니다. 일본 정부로서는 천황을 유일한 권력자로 하는 전시 중의 '국체国体'가 전후에도 그대로 인정될 거라는 믿음이 있었던 겁니다.

이에 질린 GHQ는 자체적으로 헌법 초안 책정에 들어갑니다. 그리고 1946년 2월 13일에 GHQ 안이 일본 정부에 넘겨집니다. 이 안에는 "여기서 인민의 의사 주권을 선언하고"라는 문구가 포함되어 있었습니다.

이를 받아들인 일본 정부는 3월 6일 '헌법 개정 초안 요강'을, 4월 17일에는 '헌법 개정 초안'을 발표합니다. 그러나 주권자가 누구인지에 대해서는 "국민의 총의가 지고한 것임을 선언하고"라는 실로 모호한 문장으로 바꿔버렸습니다. 이런 정부안에 기초해 6월부터 10월까지 헌법 제정 회의가 열립니다. 직전인 4월 10일에는 여성 참정권을 처음으로 인정한 중의원선거가 치러졌기 때문에 이 회의에는 수많은 여성 의원도 참가했습니다.

신헌법에 '주권 재민'의 명기를 요구하는 힘은 나라 안팎에서 발휘되었습니다. 하나는 연합국 측에서 대일 정책을 결정하던 최고 기관인 극동위원회가 7월 2일 '일본의 신헌법에 대한 기본 원칙'을 발표해 "일본국헌법은 주권이 국민에게 있다는 것을 인정해야 한다"고 주장한 겁니다. 다른 하나는 7월 25일 일본공산당이 주권 재민의 명기를 요구하는 '수정안'을 제기한 것이었습니다.

그리고 25조의 생존권 추가와 GHQ의 요구를 포함한 수정안이 귀족원과 중의원에서 가결되어 '제국헌법 개정안'은 쇼와 천황의 재가를 얻은 뒤(대일본제국헌법이 정한 절차에 근거해 회의가 의결한 법률안·예산안을 천황이 승인하는 겁니다) 11월 3일에 '일본국헌법'으로 공포하고, 반년 뒤인 1947년 5월 2일 시행되었습니다. 이러한 논의 결과 이 헌법에는 "주권이 국민에게 있다는 것을 선언하고"라는 문구가 명기되었습니다.

아베 총리는 이런 헌법 제정 과정을 "2월 13일 GHQ로부터 일본 측에 급조된 초안이 제시되고, 그것이 일본국헌법 초안이 되었다"면서 마치 일본 측의 논의가 없었던 것처럼 자신의 홈페이지에 적었지만, 사실은 이처럼 회의를 통한 수정도 있었거니와 천황의 재가까지 받아 결정된 것이었습니다.

기지·전쟁과 전혀 무관한 평화헌법

마지막으로 다시 주일 미군기지 문제로 돌아와 헌법 전문은 이와 관련해 "일본 국민은 항구적 평화를 염원하고, 인간 상호관계를 지배하는 숭고한 이상을 깊이 자각함으로써 평화를 사랑하는 국민들의 공정과 신의를 신뢰하여, 우리의 안전과 생존을 이어가기로 결의했다"고 명시해 놓았습니다.

덧붙여 '제2장 전쟁의 포기' 유일의 조항인 제9조는 다음과 같이 말합니다.

"일본 국민은 정의와 질서를 기조로 하는 국제 평화를 성실히 희구하고, 국권의 발동인 전쟁과 무력에 의한 위협 또는 무력행사를 국제분쟁을 해결하는 수단으로써는 영구히 포기한다."(제1항)

"전항의 목적을 달성하기 위해 육해공군과 그 밖의 전력을 보유하지 아니한다. 나라의 교전권을 인정하지 아니한

다."(제2항)

전후 일본이 이 원칙을 일관되고 확실하게 지켰다면, 오늘날의 수많은 미군기지는 존재하지 않을 것이며, 매년 세계적으로도 두드러지는 군사비를 들여 정비하는 '자위대'가 창설될 일도 없었겠죠. 하지만 이미 다뤘던 바와 같이 유감스럽게도 역사는 그리 순탄하게 진행되지 않았습니다.

제5화

미국과 함께라면 어디라도 간다?

제4화에서는 미군기지 문제에 초점을 두고 현재의 미일관계를 전쟁 직후의 군사점령까지 거슬러 올라가 생각해 보았습니다. 여기서는 일본의 재군비와 미·일 군사동맹 강화 등 그 이후부터 현재까지의 전쟁과 평화를 둘러싼 역사를 다시 한번 더듬어 보고, 군사적 대미 종속에서 벗어날 길을 고민해 보겠습니다.

미소냉전과 점령 정책의 전환

미국은 1947년부터 1948년에 걸쳐 일본의 점령 정책을 크게 전환했습니다. 그 배경에 있던 것은 냉전체제(미국을 정점으로 하는 자본주의 국가들의 동맹과 소련을 정점으로 하는 공산주의 국가들의 심각한 적대관계)가 세계에 급속하게 확산됐다는 사실이었습니다.

의외라고 생각할지도 모르지만, 종전 직후 미국은 동아시아의 주요 군사 거점을 중국에 둘 생각이었습니다. 제2차 세계대전 당시 중국(장제스가 장악했던)과 미국은 동맹국이었고, 전후에도 미국은 장제스가 이끄는 국민당 정권을 지지하며 군사 원조를 이어갔습니다. 하지만 그 뒤 중국 국내 상황이 바뀌었습니다. 일본의 침략에 맞서기 위해 이뤄진 국공합작(국민당과 공산당의 제휴)이 와해되고, 중국에 내전이 일어난 겁니다. 이어서 1949년에는 마오쩌둥이 이끄는 공산당 정권이 중화인민공화국 건국을 선언하고, 국민당의 장제스 등은 그때까지 중국의 일부였던 타이완에서 중화민국을 자칭할 수밖에 없게 되었습니다.

미국은 이런 상황 변화를 사전에 감지했습니다. 또 1948년에는 한반도가 남북으로 분단되어(일본이 식민지 지배를 했을 당시까지 조선은 하나의 나라였지만) 북쪽은 소련이, 남쪽은 미국이 지배하는 새로운 군사 긴장도 조성되었습니다. 이런 동아시아 정세의 급속한 변화를 보고, 미국은 일본을 '아시아의 반공 교두보로 삼는다'(1948년 1월 케네스 로열 미국 육군장관)는 방침을 밝혔습니다. 이용하려던 중국 사정이 달라진 까닭에 당시 손아귀 안에 있던 일본을 동아시아의 미국 군사 거점으로 정한 겁니다. '반공의 교두보'라는 것은 '공산주의와 싸우기 위한 군사 거점'이라는 의미였습니다. 이렇게 미국은 일본을 평화·민주의 나라로 만들려던 연합국 전체의 합의인 포츠담선언을 일방적으로 내던져버렸습니다.

미국이 일본에 즉각 요구한 것은 헌법 제9조의 개정이었습니다. 국방장관 앞으로 보낸 로열의 각서 '일본의 한정적 재군비'(1948년 5월 18일)에는 "방위를 위해 일본의 군비를 최종적으로 인정한다는 견지에서 일본 신헌법 개정을 달성하는 문제가 탐구되어야 한다"는 말이 나오는데, 이것은 1949년 11월 미국 통합참모본부의 공식 결정이 되었습니다. 전쟁하지 않는 평화 국가가 아니라 미국의 군사 거점이 설치된 국가가 되고, 나아가 자국의 예산으로 군대까지 만들어 미국과 함께 싸우는 동맹국이 되라는 것이었습니다.

이런 '대미 종속 국가'를 만들기 위해 GHQ는 전쟁 추진 세력을 처벌한다는 그때까지의 방침을 전환합니다. 전쟁을 개시하고 평화를 파탄시킨 죄를 추궁당하던 A급 전범 용의자들은 이미 100명 이상 스가모巢鴨 구치소에 붙잡혀 있었습니다. 그러나 A급 전범의 죄를 묻는 극동국제군사재판(이른바 도쿄재판)은 처음에 진행하던 28명의 심리만 끝내고 종료되었습니다. 그리고 1948년 12월 23일 도조 히데키 등 7명이 처형되는데, 바로 다음 날 A급 전범 용의자였던 기시 노부스케 등 19명이 석방됩니다. 미국에 의해 '활용될 인재'라는 이유에서였습니다.

실제로 그 후 기시 노부스케는 9조 개정이 초점인 자주헌법 제정 지향의 자유민주당을 창당(1955년)하고, 자민당 초대 간사장이 됩니다. 1960년에는 총리로서 미국과의 공동 전쟁을 약속하는 신안보조약을 실현했습니다. 기시와 같은 날에 스가모 구치소를 나온 오사노 겐지小佐野賢治와 사사카와 료이치笹川良一는 친미 반공 우익의 두목으로서 전후 정치에 큰 영향을 끼칩니다. 총리에서 물러난 뒤 기시 노부스케도 만년까지 정치에 막강한 영향력을 행사하며 "쇼와의 요괴"라고 불렸습니다.

다시 군대를 −자위대 발족

1950년 6월 25일에는 한국전쟁이 시작됩니다. 동아시아에서 세력을 확장하고 싶어 하던 스탈린과 소련의 의도에 따라 북한이 남쪽으로 군대를 내려보낸 겁니다. 이 직전인 5

월 3일에는 1949년 선거로 4의석에서 35의석으로 약진한 일본공산당이 비합법화되었습니다. 나아가 6월 6일에는 일본공산당 중앙위원이, 6월 7일에는 〈신문 아카하타〉 편집부 전원이 공직 추방을 당했습니다. 공직 추방이란 본래 침략전쟁을 추진한 인물들이 신문, 정부, 기업 등의 요직에 앉지 못하게 할 목적으로 시행됐지만, 이 시기에는 레드 퍼지(red purge, 색깔론 공격)라는 이름으로 공산당원과 그 지지자들을 향했습니다.

미군에 의한 전후 점령 구조를 '간접 통치'라 부르기도 합니다. 하지만 많게는 50만 군대를 주둔하고, 1949년 시모야마下山 사건[*], 미타카三鷹 사건[**], 마쓰카와松川 사건[***] 등의 '모략'으로 일본 정부의 머리 위에서 직접 일본 노동운동을 탄압하는 등 그 실태는 '간접'이라는 이미지와 거리가 먼 극히

---

[*] [역주] 7월 5일 일본 국유철도(현재의 JR) 총재이던 시모야마 사다노리下山定則가 출근길에 실종돼 이튿날 새벽 시신으로 발견된 사건. 사건 발생 직후부터 언론에서는 자살이냐 타살이냐를 놓고 의견이 분분했지만, 경찰청은 공식 수사 결과도 발표하지 않은 채 수사를 종료했다.

[**] [역주] 7월 15일 지금의 도쿄도 미타카와 무사시노 사이를 오가는 일본 국유철도에서 일어난 무인열차 폭주 사건.

[***] [역주] 8월 17일 후쿠시마현의 일본 국유철도 구간에서 일어난 열차 운행 방해 사건.

억압적인 것이었습니다.

GHQ는 정치가와 구ᴴ 일본군 출신의 공직 추방 해제도 진행하는데, 이와 관련해 1950년 6월 8일 요시다 시게루 총리는 맥아더에게 다음과 같은 편지를 보냈습니다. "도시와 농촌에서 공산주의와 싸우는 방법으로, 저는 구ᴴ 육·해군 하사관, 기초단체장, 대정익찬회*지부장 같은 다수의 군인이 다시 희망을 품고 정상적이며 유익한 생활로 돌아갈 수 있도록 그들을 추방으로부터 해제해주는 것이 시의적절하고 유효하며, 또한 필요하다고 믿습니다." 전쟁을 추진했던 사람들을 전면 추방 해제해 달라고 요구한 겁니다.

동시에 일본의 재군비도 진행되었습니다. 일본에 주둔하던 미군 전체가 7월 초순쯤 한반도로 이동한 후였습니다. 당시 일본 국내의 반전운동이 고양되는 것을 우려한 맥아더는 7월 8일 요시다 총리에게 '일본 경찰력 증강에 관한 서간'을 보냈고, 8월 10일 경찰예비대를 창설하게 합니다. 목적은 일본의 치안 유지였지만, 그 힘은 일본의 평범한 사람들을 향한 것이었습니다.

＊　　도조 히데키 내각이 만든 침략전쟁 추진 기구. 자발적인 고립을 선택한 일본공산당 이외의 모든 정치세력이 합류했다.

1945년 제국 군대의 해체에 따라 일본은 군대 없는 나라가 되었는데, 이 시기부터 군대를 가진 나라로 역전하기 시작합니다. 경찰예비대에는 구 일본군 출신 직업군인들이 다수 참여했습니다. 무기도 미군이 제공했고, 훈련도 미군 기지 내에서 이뤄졌습니다. 주어진 무기가 통상적인 경찰활동에 필요한 범위를 아득히 뛰어넘은 것으로, 미국 언론들은 이를 "성조기를 두른 아시아 군대"라 불렀습니다. 얼굴은 일본인이지만, 실태는 미군이라는 말입니다.

그 후 1951년 다시 공직 추방이 대폭 해제되었고, 1952년에는 샌프란시스코 강화조약 발효와 더불어 공직 추방령 자체가 폐지되었습니다. 이날을 기해 미국에 의한 일본의 군사점령은 종료됐지만, 구안보조약이 발효됨에 따라 일본은 미국에 대한 기지 제공 의무를 지게 됩니다. 또한 강화조약에 따라 오다와라(小田原, 가나가와현 내 지역)와 오키나와는 미국의 신탁통치 지역이 되었습니다. 오키나와로서는 1945년 3월 오키나와전투 이후 시작된 미군의 군사점령이 그대로 이어진 겁니다(오다와라 반환은 1968년에, 오키나와 반환은 1972년에 이뤄졌지만, 횡포한 미군기지의 지배는 오늘날에도 이어지고 있습니다).

1952년 7월 경찰예비대는 보안대로 개조되었습니다. 그리고 1954년 3월 미·일 상호방위원조협정(MSA협정)에 따라 일본은 미국에 '자국 방위력 증강' 의무를 지게 됩니다. 한 달 뒤 4보안대는 다시 자위대로 개조되었습니다. 이렇게 자위대는 애초에 평화·민주의 국가에서 '대미 종속의 군사 대국'으로 바뀐 미국의 방침 아래 미국이 벌이는 전쟁에 협력하고자 만들어진 것이었습니다.

미·일 공동으로 전쟁을

그 뒤 미국은 자위대를 미군의 수하로 삼아 더 널리 활용하기 위한 절차를 정비해갑니다. 일본 정부도 이를 이용해 다시 세계에 대한 일본의 영향력을 강화해야겠다는 야심이 있었습니다.

1960년 맺어진 신안보조약 제5조는 "일본국의 시정하에 있는 영역에서, 양쪽 중 하나에 대한 무력 공격"이 있을 경우 "공통의 위험에 대처하도록 행동한다"고 명시되어 있습니다. 이것은 일본이 외국으로부터 공격당할 경우만을 상정한 것이 아니었습니다.

주일 미군이 해외에서 전쟁하면 그 불똥이 일본의 미군 기지로 튈 가능성이 제기됩니다. 그럴 경우 자위대는 "일본의 시정 아래 있는" 주일 미군기지에 대한 공격이라는 이유로 "공통의 위험에 대처"하기 위해 군사행동을 취하는 겁니다. 다시 말해 이는 미국과 공동으로 외국과 전쟁할 의무가 있다는 이야기입니다.

또한 신안보조약 제2조는 경제협력 조항이라 불립니다. "미·일 양국은 국제 경제 정책에서의 어긋남을 제거하도록 노력하고, 두 나라 사이의 경제적 협력을 촉진한다"가 그 내용입니다. 미국은 석탄에서 석유로 에너지 자원의 전환과 1990년대 이후의 '구조 개혁' 요구 등 전후 일본의 경제 정책에 강한 발언권을 가져왔는데, 이 조약은 그런 경제적 개입의 최대 근거가 되고 있습니다.

1978년에는 미·일 공동 군사행동이 공공연히 구체화되었습니다. 미·일 방위협력지침(가이드라인) 작성이 그것으로, 소련에 의한 일본 침공을 상정한 것이었습니다. 하지만 1991년 소련이 붕괴합니다. 이때부터 미국은 미·일 공동의 군사행동 범위와 목적을 크게 전환했습니다. 1995년 미·일 안보공동선언에서는 공동행동의 범위가 아시아·태평양 지역으로 설정됐습니다. 이 전환에 따라 1997년에는 신가이드라인(가이드라인 개정)이 합의되었고, 1999년에는 일본에 주변사태법이 만들어집니다. 이것은 일본의 안전에 커다란 영향을 미치는 사태를 '주변사태'라 부르고, 미·일이 공동으로 대처한다는 것이었습니다. 당시 "주변이란 어느 정도의 범위냐"라는 국회에서의 질문에 하시모토 류타로 총리는 "지리적 개념이 아니"라고 답변해 무한으로 확대될 수 있다는 여지를 남겼습니다.

일본 국내에서도 미·일 군사협력을 고조시키는 논의가 확대됩니다. 2003년 일본은 미국의 이라크전쟁에 찬성하며 전후 최초로 자위대를 전쟁터에 보냈는데, 이때 고이즈미 준이치로 총리는 동맹국의 전쟁에 협력할 의무가 있다는 난폭한 논지를 내세웠습니다. 일본에 위험을 부를 가능성이 있는지, 미국의 전쟁에 대의가 있는지조차 확인할 필요가 없다는 무조건적인 대미 군사 추종 노선입니다.

아울러 2000년대에 강해진 것이 개헌 움직임입니다. 이는 '자위'라는 틀에 얽매이지 않고 '전쟁하는 나라'를 만든다는 9조의 개정을 주요한 원동력으로 삼은 것이었습니다. 그리고 2014년 7월 1일 아베 내각은 국무회의에서 집단자위권 행사의 용인을 결정합니다. 외국으로부터의 공격이 없더라도 미국이 '미국의 자위를 위해서'라고 부르짖으며 전쟁을 시작하면, 일본의 참전이 가능해지게 만든 겁니다.

헌법 제9조는 "일본 국민은 … 국권의 발동인 전쟁과 무력에 의한 위협 또는 무력행사를 국제분쟁을 해결하는 수단으로써는 영구히 포기한다", "나라의 교전권은 이를 인정하지 아니한다"고 명시해 놓았으니, 이 결정은 어떻게 생각해도 헌법 위반입니다.

이상 두 번에 걸쳐 이야기했듯이, 오늘날의 일본 사회를 파악할 때 일본의, 특히 외교 군사 정책이 '대미 종속' 상태에 있다는 사실은 결코 빼놓을 수 없는 사회과학적 시점이라 하겠습니다.

제5화에서는 미국의 전쟁에 협력하기 위한 경찰예비대 발족, 집단자위권 용인 문제에 이르는 군사협력의 심화를 중심으로 전후의 미일관계를 살펴보았습니다. 여기서는 조금 시야를 넓혀, 힘이 강한 나라가 약한 나라를 지배하는 시대에서 독립된 각 나라가 대등하게 대화를 통해 평화와 공동을 지향하게 된 시대로의, 세계 차원에서의 변화를 다뤄보도록 하겠습니다. 이는 일본의 국제적 지위와 역할을 분명히 하는 의미도 있으니까요.

세계가 큰 나라들에 의해 갈라졌던 시대

군사력이 강한 나라가 주변의 나라나 지역을 공격해 자국에 편입시키는, 또는 속국으로 삼는 일은 인간이 처음 전쟁을 시작했을 때부터 반복적으로 벌어졌습니다. 일본도 중국(몽골, 당시는 원)의 공격을 받은 가마쿠라鎌倉 시대의 원구(元寇, 원나라 군대는 1274년과 1281년 두 차례에 걸쳐 일본을 공격)가 있었습니다. 역으로, 일본을 처음 통일한 도요토미 히데요시가 조선을 자기 것으로 만들기 위해 대규모의 군대를 보낸 일도 있었고요.

이러한 역사에서 힘을 이용한 타국 지배가 비약적으로 강해진 것은 뭐니 뭐니 해도 19세기 말부터 20세기 초에 걸친 시기였습니다. 대영제국, 프랑스식민지제국, 대일본제국 등 이 시대에는 '제국'을 자칭하는 나라들이 몇 군데나 있었는데, 제국이라는 것은 식민지를 보유한 '본국'과 보유당한 '식민지' 전체를 가리키는 말입니다. 레닌은 『제국주의론』이라는 책에서 지리학자인 주판Alexander Supan과 휘브너Otto Huebner 등의 연구에 기초해 1914년을 기준으로 전 세계 지상 면적의 60% 이상이 6대국(영국, 러시아, 프랑스, 독일, 미국, 일본)의 손에 들어가 있다고 밝혔습니다.

1876년 6대국의 지배가 정확히 그 절반 정도였으니, 이 기간의 변화가 얼마나 급격하게 이뤄졌는지 알 수 있습니다. 급속한 변화의 토대가 된 것은 이 나라들에서 이뤄진 자본주의 경제의 새로운 발전이었습니다. 이미 살펴본 바와 같이, 이 시기 자유경쟁에 기초한 자본주의는 1893년부터 일어난 '대불황'기를 거쳐 대자본 중심형의 자본주의로 변화해갔습니다. 대자본은 각종 협정을 통해 국내 시장을 서로 나누고 재계 단체를 만들어 정치에 큰 영향을 미쳤을 뿐만 아니라, 해외까지 눈을 돌려 각국의 자원과 노동력을 싼값에 손에 넣어 오로지 자국의 상품을 구매해줄 세계 시장을 확보하려 했습니다. 이를 위한 가장 확실한 수단으로 선택한 것이 식민지 확대입니다.

1914년에는 영국, 프랑스, 러시아를 중심으로 한 '연합국' 그룹과 독일, 오스트리아, 헝가리, 이탈리아를 중심으로 하는 '동맹국' 그룹 사이에 제1차 세계대전이 일어났습니다. 이는 어느 쪽의 입장에서 보더라도 상대방의 식민지를 빼앗아 자신들의 지배권을 넓히는 것을 목적으로 하는, 문자 그대로의 제국주의 전쟁이었습니다. 어느새 남극 대륙 이외에 어떤 대국의 것이 아닌 지역과 나라가 거의 남아 있지 않은 상황에서 각국 대자본의 요구는 타국의 식민지를 취함으로써 실현할 수밖에 없었습니다.

이 전쟁에 승리한 건 '연합국' 측이었습니다. 그 결과 예컨대 패전국 독일의 식민지는 영국, 프랑스, 일본 등으로 분할되었습니다. 물론 식민지에 살던 사람들 입장에서는 그저 지배자가 바뀐 것 외에 아무것도 아니었지만요.

식민지체제의 극적인 붕괴

1939년이 되자 독일의 폴란드 침공으로 제2차 세계대전이 일어납니다. 독일, 일본, 이탈리아 등의 동맹국 그룹이 그 때까지의 식민지 분할에 만족하지 못하고, 자신들의 영토 확대를 목적으로 전쟁을 시작한 겁니다. 일본은 1931년 만주사변을 계기로 중국 본토에 진군하고, 1937년에는 중국과의 전면 전쟁에 돌입했습니다. 목적은 아시아·태평양 지역에 거대한 대일본제국을 건설한다는 것으로, 후일 일본은 이것을 '대동아 공영권'이라 불렀습니다.

그러나 이 전쟁 말기에 미국, 영국 등 연합국 측에서는 식민지 확대를 부정하는 움직임이 일어납니다. 1941년 미국과 영국이 대전 후의 세계를 언급했던 '대서양 헌장'에서 전쟁에 승리하더라도 서로 영토를 확대하지 않기로 결정한 겁니다. 이 내용은 1942년 연합국 26개국이 합의한 '공동 선언'에도 추가되었습니다.

1943년에 이탈리아가, 1945년에 독일과 일본이 항복하면서 제2차 세계대전은 종결됩니다. 희생자가 6000만 명, 혹은 8000만 명이었다고 하는 참혹한 전쟁이었지만, 군사력으로 식민지 확대를 추구한 동맹국 측이 패배한 것은 세계사적으로 볼 때 불행 중 다행이었다고 해야겠지요.

패전에 의해 동맹국은 식민지를 잃었습니다. 일본도 조선, 타이완, 만주국 등을 잃었고요. 그러나 연합국 측은 자신들의 식민지에서 손을 떼려 하지 않았습니다. 식민지를 새로 확대하진 않지만, 이미 갖고 있던 건 놓치지 않으려 한 겁니다. 이는 연합국 주도로 1945년 창설된 국제연합헌장에 "인민의 평등권 및 자결 원칙 존중에 기초하여 국가 간의 우호관계를 발전시킨다"면서 정작 식민지 해방에 대한 내용이 빠진 것에서도 나타납니다.

또 소련은 전쟁의 결과로 치시마(千島, 쿠릴)열도 등을 일본으로부터 빼앗았지만(샌프란시스코 강화조약 제2조 C항에서 일본이 영토를 포기), 이는 강력한 영토확장주의에 사로잡혀 있던 소련과 참전 대가로 영토 제공을 약속한 미국(루스벨트 대통령)의 거래에 근거한 것이었습니다.

한편 이런 움직임 속에서 20세기 전반부터 강해진 식민지 주민의 독립(민족자결)운동이 크게 발전했습니다. 제2차 세계대전 후 인도네시아는 네덜란드와의 전쟁을 통해 독립했고, 절반 정도 식민지화되어 있던 중국도 완전한 독립을 이뤘습니다. 베트남은 프랑스·미국과 싸우고, 알제리는 프랑스와 싸워 각각 독립을 쟁취했습니다. '아프리카의 해'라고 불린 1960년에는 아프리카 대륙에서 17개국이 한꺼번에 독립했습니다.

그 와중에 식민지를 보유한 대국에도 "식민지를 계속 쥐고 있는 것이 올바른 일인가"를 놓고 갈등이 일어납니다. 1954년 베트남에서 철퇴할 당시 프랑스는 전쟁 속개파인 라니엘Joseph Laniel 내각에서 전쟁의 '명예로운 종결'을 주장한 망데스 프랑스Pierre Mende's France 내각으로 정권이 교체됐는데, 이것도 그런 변화의 전형이었습니다. 영국처럼 전쟁으로 인한 국력 쇠퇴와 미국과의 관계 역전 때문에 아시아 식민지를 포기할 수밖에 없게 된 나라도 있었습니다.

대국으로부터 독립한 옛 식민지 국가들은 차례로 국제연합UN에 가입해 내부 역학관계를 점점 변화시켰습니다. 1960년 UN총회는 미국, 영국, 프랑스 등 9개국의 기권에도 불구하고 찬성 89, 반대 0이라는 압도적 다수로 '식민지 독립부여선언'이 가결되었습니다. 이렇게 소수의 경제·군사 대국이 세계 전체를 분할하는 세계적 규모의 식민지체제가 와장창 무너져내렸습니다.

식민지체제의 붕괴는 '탈식민지화'라는 말에서도 나타나듯이, 식민지가 식민지에서 빠져나오는 것뿐만 아니라 식민지를 보유했던 나라들이 '식민지 없는 경제 대국'으로 발전해간다는 이중적인 의미가 있었습니다.

미소냉전 종결과 시대에 뒤떨어진 미일동맹

그러나 이러한 세계의 변화가 못마땅하다는 듯 미국과 소련은 끝끝내 무력 지배의 집념을 버리지 않았습니다. 수많은 나라와 군사조약을 맺어 각국에 자국 군대를 배치하고, 때로는 경제적인 원조도 주면서 각자의 세력권을 확대하려 했습니다. 그 과정에서 큰 역할을 한 것이 미국의 북대서양조약기구NATO와 미·일 안보조약, 소련의 바르샤바조약기구WTO라는 거대 군사블록이었습니다.

한편 독립을 달성한 나라들 사이에서도 새로운 운동이 일어납니다. 1955년에는 인도네시아 반둥에서 대국의 식민지였던 29개국이 힘에 의한 국제분쟁 해결에 반대하는 '반둥회의'를 열었습니다. 그리고 이 흐름은 미·소 어느 쪽의 군사동맹에도 가담하지 않는 '비동맹제국諸國 수뇌회의' 개최(1961년)로 이어집니다. 제1회 25개국(그 밖에 옵서버 3개국)

으로 출발한 이 회의는, 2012년에 개최된 제16회에서 가입국이 120개국으로 늘어나 UN 가입국의 과반수(62%)를 점하게 되었습니다. 이 나라들은 핵무기 폐기운동에서도 큰 역할을 수행했습니다.

그 뒤 1991년 소련이 붕괴하고, 미소냉전체제가 붕괴합니다. 같은 해 소련 측의 군사블록이었던 WTO도 해체되었습니다. 유일하게 남은 미국은 이때부터 경제적으로는 미국의 다국적 자본을 위해 '신자유주의' 정책을 세계에 강제하고, 군사적으로는 'UN을 이용하지만 UN의 결정에 반드시 따르지는 않는다'라는 횡포한 자세를 더욱 강화합니다. 이제 방해꾼이 사라졌다고 생각한 겁니다.

하지만 미국의 이러한 계획은 크게 어긋나고 맙니다. 2003년 미국이 이라크전쟁을 개시하자 영국과 일본은 즉각 찬성 의사를 표명했습니다. 그러나 오랜 세월 같은 군사블록의 동료였던 독일과 프랑스가 미국을 '식민지주의'적이라 비판하며 반기를 들었습니다. 소련 측 블록 붕괴가 미국 측 블록을 재고하게 만드는 계기로 작용했기 때문입니다. 이 사건은 'NATO 균열'로 세계의 주목을 받게 됩니다.

물론 이 일 때문에 독일과 프랑스가 완전한 평화 국가가된 건 아니었습니다. 특히 프랑스는 대량의 핵무기를 보유하고, 여전히 군사력에 강하게 의존하고 있습니다. 그러나 무법전쟁을 시작하려는 미국에 전쟁의 평화적 해결을 지향하는 UN헌장을 대치하고, 그 정신을 유럽연합EU 전체에 확산시킨 두 나라가 미국과 동일한 지평에 있다고 볼 수는 없습니다. 명확한 탈식민지화 과정이 없는 미국과는 역사적 체험에 엄연한 차이가 있기 때문이겠죠.

이렇듯 큰 관점에서 역사를 보면, 제2차 세계대전 직후의 군사점령을 지금도 사실상 지속하는 미·일 안보체제의 심각성을 잘 알 수 있습니다. 일본의 주권을 짓밟는 미국의 지배도 문제지만, 미국의 군사력에 기대어 해외로의 경제적 진출에 더해 군사적 진출까지 하려는 일본도 문제입니다. 어느 쪽이든 세계의 평화, 각 나라의 평등과 연대의 진전을 크게 거스르기 때문입니다.

동북아시아에 평화의 공동체를

제6화를 마치면서 '동아시아 평화의 공동'이라는 과제를 언급할까 합니다. 동아시아를 크게 남북으로 나눠 보면, 양자는 지극히 대조적입니다.

동남아시아에는 사회체제와 종교의 차이를 넘어 지역의

모든 나라가 가입한 동남아시아국가연합ASEAN이 만들어져 있습니다. ASEAN은 동남아시아 우호협력조약TAC, 동남아시아 비핵지대조약SEANWFZ, ASEAN 지역포럼ARF, 남중국해 행동선언DOC, 동아시아 서미트EAS 등 가입된 10개국의 틀을 뛰어넘어 전 세계로 평화를 확산하려는 노력을 거듭해왔습니다.

그 특징은 가상의 적을 가진 군사블록이 아니라, 지역 모든 나라가 참여하는 평화의 공동체를 지향하며, 항시적인 대화와 신뢰 구축을 통해 분쟁을 미리 방지하는 '평화적 안전보장'을 생각하고, 정치·사회체제의 다름을 존중함으로써 '다양성에 근거한 공동의 발전을 도모'하는 자세를 공유한다는 것 등으로 정리됩니다.

이에 반해 동북아시아는 아시아의 몇 안 되는 불씨를 안고 있는 지역입니다. ASEAN이 주도하는 TAC는 서로에 대한 무력행사 포기, 분쟁의 평화적 해결, 내정 불간섭, 대화와 협력 축적 등을 확인하고 있는데, 이러한 평화의 공동체를 어떻게 형성할 것인지가 동북아시아에서도 긴급한 역사적 과제입니다. 실은 북한을 포함한 동북아시아의 모든 나라가 이미 TAC에 가입해 있기에, 동북아시아판 TAC 창설은 결코 덧없는 이야기가 아닙니다.

북한을 둘러싼 문제와 관련해서는 '6개국 협의'(미국, 러시아가 포함되는)가 확인한 2005년 공동성명에 근거해 한반도 전체의 비핵화를 진행하고, 납치 문제, 과거사 청산 등의 현안을 포괄적으로 해결해간다는 자세를 재확인할 필요가 있습니다. 아울러 영토 문제와 관련해서는 외교적 해결이라는 합의를 도출해 해결점에 도달하기 이전에라도 분쟁을 고조시키지 않는 원칙 설정이 필요합니다. 이에 더해 일본이 과거의 침략전쟁과 식민지 지배에 대한 반성을 명확히 하고, 위안부 문제 해결에 나서는 일은 바람직한 환경 조성에 결정적인 도움을 줄 것입니다.

아울러 여기서는 정치 외교를 둘러싼 역학관계 변화에 관해서만 이야기했지만, 일찍이 대국의 식민지·반식민지·종속국이었던 중국, 인도, 브라질 등의 급속한 경제 성장은 미국, 서구, 일본을 중심으로 한 전후 세계의 경제구조에도 큰 변화를 초래하고 있습니다. 일본은 이 부분과 관련해서도 대미 종속 일변도로부터의 탈피를 강력하게 요구받고 있습니다.

제7화

누구를 위한
전쟁이었나요

제6화에서는 너도나도 군사력에 매달리던 제국주의 세계에서, 이윽고 각 나라가 힘을 합친 평화 지향이 현실적 과제로 떠오른 세계 구조의 커다란 변화, 그 과정에서 미일동맹이 점점 시대의 흐름을 거스르는 존재가 되었음을 살펴봤습니다. 이번에는 '재계 중심', '대미 종속'과 더불어 일본이 안고 있는 세 번째 심각한 문제인 침략전쟁 정당화에 관해 알아보겠습니다. 우선은 전쟁의 역사 그 자체에 대해서입니다.

과거와 미래는 연결되어 있다

"일찍이 일본이 벌인 전쟁은 자국 영토 확대가 목적이므로 정의로운 전쟁이라 할 수 없습니다." 수업에서 이런 이야기를 해도 대학에 막 입학한 학생들은 "그렇군요"라며 쉽게 납득하지 않습니다. 대개 "공부해 본 적 없어요", "일본사를 배우지 않았어요"라고 대답하죠. 게다가 "올바른 전쟁이었다", "자위를 위한 전쟁이었다"라는 논의가 거대 미디어와 출판물, 심지어 인터넷상에서조차 반복되기에 '침략'이라는 해설을 처음 듣고는 당황하는 학생도 적지 않습니다.

1945년 패전까지 일본이 50년 동안이나 아시아에서 침략을 반복했던 것(1894 청일전쟁, 1904년 러일전쟁, 1910년 한국병탄, 1915년 중국에 대한 12개조 요구, 1918년 시베리아 침략, 1931년 만주사변, 1937년 중국에 대한 전면 전쟁, 1941년 태평양 전쟁 등)과 패전 이후 8년에 걸친 미국의 군사점령을 체험한 것, 이 두 가지를 모르면 국제사회에서 오늘날 일본이 갖는 지위를 객관적으로 생각할 수 없습니다.

현대 일본은 왜 이렇게 아시아에서 고립되어 있을까요?(사이좋은 나라가 한 군데도 없죠.) 어째서 이런 대미 종속적인 상황에 놓였을까요?(이 부분은 이미 소개했습니다.) 이런 일본의 '현재'를 초래한 '과거'를 바로 아는 것은 일본 '미래'의 적확한 선택을 위해 불가결한 일입니다.

저는 전쟁에 관한 수업 초기에 학생들과 실제 전장을 담은 영상을 봅니다. 그리고 자유로운 분위기에서 이야기하다 보면, "그 전쟁은 어쩔 수 없었어", "그렇게는 말할 수 없지" 하며 학생들이 나름의 의견을 내놓습니다. 하지만 전쟁에 참여한 나라의 병사들뿐만 아니라 아이, 여성, 노인까지 수많은 사람의 유해가 나뒹구는 전쟁터의 참상을 보여주면, 학생들은 거의 예외 없이 입을 다뭅니다. 순간 교실에 정적이 흐르죠.

"이거 어중간한 지식으로 판단할 문제가 아니구나", "지금 내게 그 정도의 지식이 있는 걸까" 하며 학생들은 상상을 아득히 뛰어넘는 현실을 받아들이고, 그 순간부터 진지하게 공부하기 위한 자세를 다잡습니다.

"어떤 이유라도 전쟁은 안 된다"라고 수많은 전쟁 체험자가 한목소리로 이야기하는데, 이는 그들이 직접 눈으로 보고 몸으로 경험한 '말로 표현할 수 없는 처참한 현실'의 기억과 일체화된 말입니다. 하지만 어린 청중들은 그런 체험을 해 본 적이 없어요. 그런 까닭에 말의 무게를 이해하는 데에는 전쟁의 생생한 현실을 부족하나마 간접 체험이라도 해 볼 필요가 있습니다. 따라서 실제의 영상을 보는 일은 무척 유효한 방법이죠.

2015년은 제2차 세계대전 종전 70주년입니다. 대독 전승 행사가 각지에서 진행되는 가운데 독일의 메르켈 총리는 나치로부터의 해방 70주년을 맞아 나치의 범죄를 다시 반복하지 않는 것은 "나치의 역사, 강제 수용소의 역사, 소수자와 박해받는 사람들의 역사, 홀로코스트(유대인 학살)의 역사를 분석하고 행동하는 일이므로, 오늘날 우리의 이상과 가치관에 주의를 기울여야 할 것"이라는 대국민 메시지를 보냈습니다.

다시는 전쟁의 비극을 되풀이해서는 안 되며, 이를 돌아보는 세계 인식의 근본은 독일, 이탈리아, 일본의 행위가 어떤 대의도 없는 부정의不正義한 침략이었다는 겁니다. 이러한 평가를 바꾸려는 것은 유럽에서는 네오나치라 불리는 극히 일부의 극우세력에 한정됩니다. 하지만 일본 사회를 돌아보면, 침략 행위를 정당화하려는 사람들이 정부의 중추에 모여 있는 현실입니다.

왜 이렇게까지 심각한 엇갈림이 일어났을까요? 그 이유를 생각하기에 앞서 우선 50년 동안 이어진 전쟁의 역사와 관련해 몇 가지 포인트를 소개하겠습니다.

- 1868년에 성립된 메이지 정부는 1872년부터 '류큐琉球

처분'을 통해 오키나와를 일본의 영토로 삼고, 1899년 '구
토인보호법' 등을 제정해 아이누족 강제 동화 정책을 진
행했습니다. 이렇듯 열도 내부를 힘으로 억누르면서, 밖으
로는 한반도를 지배하기 위해 청일전쟁(1894년)과 러일전
쟁(1904년)을 일으킨 겁니다. 두 번의 전쟁에서 승리한 뒤
1910년 실시한 한국병탄(한반도 전체를 일본의 식민지로 삼은)
은 그 목적 달성을 의미하는 것이었습니다. 그 뒤 일본 정
부는 한반도를 중국 침략의 중요한 발판으로 삼았습니다.

청일전쟁 이후인 1895년 일본은 타이완을 식민지화했습
니다. 조선과 더불어 일본의 식민 지배가 1945년까지 이어
졌고(타이완 50년, 조선 35년), 각지에서 사람들의 긍지를 짓
밟는 잔학한 행위가 거듭되었습니다.

• 제1차 세계대전에 편승해 중국에 권익을 요구하기로
한 일본 정부는 1915년(조선을 지배한 지 불과 5년 뒤) 중국에
12개조 요구를 내놓습니다. "독일이 중국에 갖고 있던 권익
을 넘겨라", "남만주와 동부 내몽골에서 일본의 권익을 인
정하라", "중국 정부의 정치·경제·군사 고문으로 일본인을
받아들여라" 등이 골자인 이 요구는 중국 전역에 대한 일
본의 지배권을 달라는 것으로, 중국을 자기 것으로 만들려
는 일본 정부의 욕망이 적나라하게 드러나 있었습니다.

• 1918년부터 있었던 시베리아 침략은 사회주의를 지향하는 소련 정부(1917년 러시아혁명으로 성립)를 공동으로 쓰러뜨리자는 영국 정부의 호소를 계기로 한 것입니다. 당시 일본은 다른 어떤 나라보다 많은 군대(7만 명 이상 파견, 1만 명 이상을 파견한 나라는 없습니다)를 보냈지만, 계획이 실패해 각국 군대가 철수한 후에도 마지막까지 시베리아에서 버팁니다(철군은 1922년). 새로운 영토 획득을 목적으로 벌인 일이었습니다.

이상으로 청일전쟁 이후 25년 정도를 살펴봤는데, 일본의 무시무시한 대외 팽창 욕망을 잘 알 수 있지요? 이것이 일본이 다른 나라에 휘말려 어쩔 수 없이 했던 행동이 아니었다는 근거입니다.

일본의 '생명선'이라는 이름으로 침략 정당화

• 1931년이 되면 일본군은 '만주사변'이라는 이름으로 드디어 중국 동북부를 침공합니다. 계기는 현지 권익수호 명목으로 주둔하던 관동군이 남만주 철도를 스스로 폭파하고, 이것이 중국의 짓이라고 몰아붙인 모략사건이었습니다. 그 이후로 이른바 15년 전쟁이 시작됩니다. 몇 개월에

걸친 전투를 통해 만주와 내몽골 지역 일부를 점령한 일본은 1932년 이곳에 '만주국'을 건국합니다. 실태는 일본의 식민지였지만, 독립국체제를 취함으로써 비판을 모면하려 한 겁니다. 그러나 이런 속임수가 통하지 않아 국제사회의 비판을 받게 된 일본은 1933년 국제연맹(역사상 최초의 평화를 위한 세계기구)을 탈퇴하고, 이미 탈퇴한 독일·이탈리아와 동맹을 결성해 제2차 세계대전에 돌입합니다.

• 1931년 일본은 중국과의 전면 전쟁에 들어갑니다. 만주국을 건국한 뒤 일본군은 베이징과 톈진을 포함한 허베이(중국 북부)를 영토 확장의 다음 목적지로 정했습니다. 1937년 7월 베이징 서남부 루거우차오蘆溝橋에서의 충돌 이후 현지에서는 정전협정이 맺어졌지만, 일본 정부는 이를 무시하고 대규모 군대를 투입합니다. 이렇게 시작된 전쟁은 단기 결전이라는 일본 측의 계획이 틀어지면서 전면화·장기화되었습니다.

• 태평양전쟁이 개시된 것은 1941년 12월이지만, 그전에 독일·이탈리아와 맺은 3국 군사동맹조약(1940년 9월)에서 일본은 이미 전쟁의 목적을 밝혔습니다. 조약 제1조는 "일본은 독일 및 이탈리아의 유럽에서의 신질서 건설에 관하여 지도적 지위를 인정하며, 이를 존중한다", 제2조는

"독일 및 이탈리아는 일본국의 대동아에서의 신질서 건설에 관하여 지도적 지위를 인정하며, 이를 존중한다"는 내용이 그것입니다.

이는 유럽과 아프리카는 독일과 이탈리아가, 동아시아와 서태평양은 일본이, 소련과 미국 대륙을 제외한 지구상의 모든 지역을 세 나라가 나눠 갖는다는 세계 재분할 조약이었습니다. 일본은 대동아 신질서의 범위를 군부와 정부의 연락회의에서 확인하고, 이후 이것을 '대동아 공영권'이라 불렀습니다. 그 뒤에도 여러 가지 일이 있었지만, 이 일대 영토 확장 계획을 드디어 실행에 옮긴 것이 태평양전쟁이었던 겁니다.

• 일본은 1931년 전쟁을 만주사변, 1937년부터 일으킨 전쟁을 '지나사변'이라 불렀습니다. '전쟁'으로 인정해버리면, 포로 대우 등에 관한 전시의 국제법 준수 의무가 생기기 때문이었습니다. 다시 말해 일본은 처음부터 국제법을 부정하려 한 겁니다. 각각의 전쟁을 정당화하는 이유로 일본이 일관되게 주장한 것은, 이 장소가 일본을 지키는 데 불가결한 '생명선·생존권生存圈'이라는 제멋대로의 주장이었습니다. 만주사변 당시에는 '만몽滿蒙'이 일본의 생명선이라 했습니다. 중일전쟁에 돌입하자 이번에는 중국이 일본의

생명선이 되었습니다. 그리고 태평양전쟁이 개시되고서는 서쪽으로 인도, 남쪽은 오스트레일리아까지 포함되는 광대한 '대동아'가 일본의 생존권이 된 겁니다. 이는 일본의 방위와 존립을 위해서라면 어디라도 침략의 범위를 넓힐 수 있다는 논리로, 결국 '자존 자위'의 슬로건도 '자위'의 이름으로 침략을 정당화하는 것에 다름 아니었습니다.

- 중·일 전면 전쟁 이후 1945년까지 일본의 희생자는 군인과 민간인을 모두 합쳐 310만 명이었다고 합니다. 군인인 사망자는 230만 명인데, 이중 60% 정도가 아사했습니다. 같은 시기 아시아의 희생자는 2000만 명 이상이었다고 합니다. 이 정도의 목숨을 빼앗으면서 '아시아 해방전쟁이었다'고 하는 건 실로 도리에 맞지 않지요.

전쟁뿐만 아니라 식민지나 점령지에서도 양민 학살, 강제 연행과 강제 노동, 적게는 수만 명에서 많게는 수십만 명의 여성을 성노예로 삼았던 위안부제도 등 일본 군대가 벌인 짓은 당시 국제적으로도 두드러지는 야만성을 보여주었습니다.

일본이 패전하고 70년이 지났지만, 아시아에는 지금도 이 일련의 전쟁으로 인해 심신에 깊은 상처를 입으신 분이 많습니다. 위안부 피해 할머니들과 강제 노동 피해자들을 비롯한 수많은 사람이 일본 정부와 사회에 사죄와 존엄 회복을 요구하고 있지요. 이 고통에 마음을 기울여 일본이 벌인 전쟁의 책임을 자각하지 않는다면, 일본은 언제까지나 아시아의 친구가 될 수 없을 겁니다.

미국에 의한 비전투원의 무차별 살육인 원폭 투하와 공습, 소련에 의한 일본군 포로의 노예 노동자화인 '시베리아 억류' 등 연합국의 전쟁 범죄를 묻는 것 또한 일본의 침략과 식민지 지배, 온갖 가해에 대한 반성과 따로 떼어 생각할 수 없는 문제 아니겠습니까?

저는 올해(2015년)로 50세가 되는데, 돌아가신 아버지는 17세 때 패전의 날을 맞았습니다. 아버지는 패전 이전에 군수공장에서 어뢰를 정비했는데, 미군기의 기총 소사에 쫓겨 뒷산으로 도망쳤을 때 당신 가까이에 폭탄이 떨어졌다고 합니다. 저와 같은 세대의 아시아인 중에는 부모님으로부터 일본 침략으로 인한 전쟁의 비참함과 고통을 직접 들은 사람이 많을 수밖에 없습니다. 전쟁이라는 과거는 그렇듯 일본과 아시아, 일본과 세계의 현재와 이어져 있습니다. 그 현재와 관련해서 일본이 어떤 방향을 설정할지는 일본과 세계의 미래를 크게 좌우하는 문제가 되겠죠.

제8화

전쟁 없는
세계

310만 명의 일본인과 2000만 명 이상의 아시아인을 죽인 전쟁을 어떻게 '아시아 해방전쟁'이라고 긍정할 수 있을까요? 제7화에서는 이 문제를 생각해 보는 첫걸음으로, 메이지 시대부터 쇼와 시대에 걸친 전쟁의 역사를 돌아봤습니다. 이번에는 전쟁의 불법화를 위한 20세기 세계의 노력과 그 안에서 일본이 수행한 역할을 살펴보겠습니다. 그렇게 함으로써 역사에 역행하는 일본의 태도를 한층 더 부각할 수 있기 때문입니다.

파리 부전조약 −전쟁 없는 세계의 요구

학생들과 일본의 전쟁에 관해 이야기하다 보면, "어느 나라든 전쟁을 했다", "전쟁을 피할 수 없는 시대였다", "전쟁했던 모든 나라에 죄가 있다" 등의 의견과 맞닥뜨릴 때가 있습니다. 두 번의 세계대전에는 많은 나라가 관여했습니다. 그 나라들이 모두 자진해서 전쟁에 참여했다면, 어느 나라의 죄가 특별히 무거운지 말하기 힘들지도 모르죠.

하지만 역사는 어땠나요? 이것은 사실에 근거해 판단해야 할 부분입니다. 20세기 전반은 '온갖 전쟁은 합법'이라는 생각에서 '전쟁은 불법'이라는 생각으로 세계의 판단이 크게 바뀌는 시기였습니다. 그리고 그런 사고방식 전환에 대응해 국제사회에 새로운 조직과 조약이 만들어지기 시작한 시기이기도 했습니다. 그 상징이라 할 만한 것이 1928년 맺어진 '파리 부전조약'입니다.

부전조약 제1조는 "체결국은 국제분쟁 해결을 위해 전쟁에 호소하지 아니하고 … 국가의 정책적 수단으로써의 전쟁을 포기한다", 제2조는 "일체의 분쟁 또는 분의는 … 평화적 수단에 의하는 것 외에는 … 해결을 추구하지 않는다"고 되어 있습니다. 요컨대 국가 간의 다툼을 전쟁으로 해결해서는 안 되며, 모두 대화로 해결하라는 조약입니다.

최초로 조인한 것은 미국, 영국, 독일, 프랑스, 이탈리아, 일본 등 군사 대국 중심의 15개국이었는데, 이후 소련 등을 포함한 63개국으로 확대되었습니다. 이는 당시 세계에 존재하던 국가의 90% 이상이라는 압도적인 숫자였습니다. 이를 계기로 스페인헌법(1931년)과 필리핀헌법(1935년)에 "국가의 정책적 수단으로 전쟁을 포기(한다)"라는 문구가 더해졌습니다. 헌법에 전쟁 포기를 명시한 것은 일본이 최초가 아니며, 그 점에서 일본국헌법이 예외적인 것도 아닙니다.

국제연맹 −2000만 명의 희생을 반복하지 않기 위해

이 조약이 맺어진 계기는 제1차 세계대전(이미 살펴본 바와 같이 이는 서로의 식민지를 빼앗으려는 나라들끼리의 제국주의 전쟁이었습니다)을 통해 2000만 명이나 되는 희생자가 발생한 일과 이러한 전쟁을 피하기 위한 국제연맹이 창설(1920년)된 일이었습니다. 전쟁이 한창이던 1918년 미국의 윌슨(Thomas Woodrow Wilson, 1856~1924) 대통령이 '14개조 평화 원칙'을 제창하고, 평화 유지를 위한 국제기구 설치를 호소했던 겁니다.

국제연맹 규약은 "가입국은 전쟁에 호소하지 않는다는 의무를 수락하고"라는 전문으로 시작하는데, 이는 자본주의에 당시까지 존재하던 '무차별적 전쟁관'(어떤 이유든 교전

규칙 등 국제법을 지키는 전쟁은 모두 합법이라는 사고방식)을 크게 전환해 많은 나라가 서로 무력행사를 꺼릴 것을 약속하고 집단적 안전보장체제를 지향하는 사상 최초의 시도였습니다. 하지만 미국이 국내 사정으로 가입하지 않았기 때문에 프랑스가 두 나라 간의 부전선언을 미국에 호소했고, 이를 계기로 많은 나라를 대상으로 하는 파리 부전조약이 탄생하게 된 겁니다.

제1차 세계대전과 그 후 십수 년 동안은 세계의 수많은 나라가 처음으로 '전쟁 포기'에 대해 진지하게 이야기하며, '전쟁 없는 세계를 향한 노력'을 역사의 전면에 관철하는 시기였습니다. 다만 이 부전조약에는 약점도 있었습니다. 미국과 영국이 자위를 위한 전쟁은 포기하지 않는다면서 무엇이 자위인지는 그 나라만 판단할 수 있다는 주장을 펼쳤는데, 이를 조약이 받아들였다는 점입니다. 따라서 이후 '자위'의 이름을 앞세운 침략의 길이 남게 되었습니다.

두 번이나 세계전쟁을 일으킨 쪽에 선 일본

이러한 새로운 변화 속에서 일본이 수행한 역할은 어떤 것이었을까요?

일본은 국제연맹 창설 때부터 가입국으로서 영국, 프랑스, 이탈리아 왕국과 더불어 중심 역할을 해야 하는 상임이사국의 위치였습니다(후에 독일과 소련도 상임이사국이 됩니다). 그러나 1933년 일본은 국제연맹에서 사실상 최초로 탈퇴합니다. 그 이전인 1925년에도 코스타리카가 탈퇴하기는 했지만, 분담금을 내기 어렵다는 이유였지 취지에 반대한 건 아니었습니다.

일본의 탈퇴 계기는 1931년의 만주사변과 1932년의 만주국 건국이었습니다. 일본이 만주사변을 '전쟁'이 아니라 '사변'이라 부른 것은 국제연맹의 규약과 부전조약이 규정하는 전쟁이 아니라고 주장하기 위해서였습니다(전쟁이라고 인정하면 규약에도, 조약에도 위반되는 것이므로).

또 부전조약 체결 당시 미국과 영국이 '특별히 사활적인 이해관계를 가진' 지역을 지키는 것은 '자위적 조치'라고 간주한 것을 들며, 일본은 만주와 몽골이 일본의 생명선이며, 그 권익을 지키는 것은 자위권 행사에 해당한다고 주장했습니다. 하지만 1933년 국제연맹 회의에서 '생명선·자위권'론이 거부당했고, 이에 불만을 품은 일본 대표는 즉시 퇴장해 이후 정식으로 국제연맹을 탈퇴합니다. 그리고 그해 국제연맹을 탈퇴한 독일과 1937년 탈퇴한 이탈리아와 함께 3국동맹을 형성(1937년 3국 방공협정, 1940년 3국 군사조약), 제7화에서 살펴본 바와 같이 제2차 세계대전을 일으킵니다. 세계가 처음으로 전쟁의 불법화를 진지하게 논의하기 시작한 그 시기에, 일본은 그런 노력의 도달점 맨 앞에서 등을 돌리고 다시 세계를 전쟁에 휘말리게 만드는 최악의 선택을 한 겁니다.

UN 아래서 ─다시금 묻게 되는 일본의 역할

1945년 8월 제2차 세계대전은 제1차 세계대전의 몇 배에 달하는 희생자를 내면서 종료됐습니다. 그 직후인 10월에는 국제연합UN이 창설됩니다. "우리 일생에 두 번이나 말할 수 없는 슬픔을 인류에 가져온 전쟁의 불행에서 다음 세대를 구하고"로 시작하는 UN헌장은 국제연맹 실패의 교훈을 살려 더욱 확실한 집단적 안전보장체제를 지향했습니다. 그리고 70년 동안 인류는 세 번째의 세계대전을 피하는 데 성공할 수 있었습니다.

일본국헌법 제9조에 "일본 국민은 … 국권의 발동인 전쟁과 무력에 의한 위협 또는 무력행사를 국제분쟁을 해결하는 수단으로써는 영구히 포기한다", "나라의 교전권은 이를 인정하지 아니한다"라고 되어 있는 건 제1차 세계대전 때부터의 국제적 노력의 도달점을 반영한 것이었습니다.

그러나 여기에도 약점은 남았습니다. UN헌장을 결정한 1945년 회합(연합국 50개국 참가)에서 미국이 UN 가입국에 대한 '무력 공격'이 발생할 경우 UN 안전보장이사회가 필요한 조처를 할 때까지 '개별적 또는 집단적 자위' 행사가 이루어질 수 있도록 한다는 조항(제15조)을 끼워 넣었기 때문입니다. 집단적 자위권이라는 것은 당시 미국이 처음으로 만든 용어입니다. 그 뒤 미소냉전 체제하에서 중요한 국제분쟁을 둘러싸고 안전보장이사회의 합의가 이뤄진 일은 거의 없었습니다. UN의 상임이사국(미국, 소련, 중국, 영국, 프랑스) 중 한 나라라도 반대하면, 안건 성립이 불가능해지는 거부권이 주어졌기 때문입니다. 그런 사정을 무릅쓰고 미국과 소련은 각자 집단적 자위권을 행사하기 위한 군사블록인 NATO와 WTO를 만들었고, 이는 UN에 제약받지 않는 타국에 대한 군사 개입 수단으로 반복적으로 사용되었습니다.

1991년 소련 붕괴와 WTO 해산 이후 세계의 군사적 대립관계에 큰 변화가 일어났습니다. 미국이 'UN의 결정에 반드시 따르지는 않는다'라는 횡포한 자세를 보인 까닭에,

2003년 이라크전쟁 개전 당시에는 전후 처음으로 수많은 나라가 국제분쟁을 UN헌장 정신에 근거해 해결할 것을 미국에 요구하는 새로운 국면이 펼쳐지기도 했습니다. 전쟁 개시를 저지할 수는 없었지만, 제1차 세계대전으로부터 약 100년이 흐른 뒤 세계 역사가 간신히 이 지점까지 도달한 겁니다.

이러한 가운데 현재 일본 정부는 전쟁 없는 세계를 지향하는 UN의 '구멍'인 집단적 자위권 행사 용인을 국무회의에서 결정하고, "일본 국민은 … 국권의 발동인 전쟁과 무력에 의한 위협 또는 무력행사를 국제분쟁을 해결하는 수단으로써는 영구히 포기한다", "나라의 교전권은 이를 인정하지 아니한다"는 헌법 제9조를 바꾸려 하고 있습니다.

일찍이 '자위'를 구실로 세계에 돌이킬 수 없는 재앙을 가져왔던 일본은 오늘날 또다시 기로에 서 있습니다. 더 이상 잘못된 길을 가면 안 될 것입니다.

제9화

침략을 반성하지 않는 나라

제8화에서는 20세기에 있었던 전쟁의 불법화를 위한 세계의 노력과 그 안에서 일본이 수행한 역할을 생각해 봤습니다. 여기서는 예전의 침략과 식민지 지배가 '정의로운 싸움'이었다는 주장이 왜 오늘날 일본에서 이렇게까지 강한지 살펴보겠습니다.

아베 담화에 대한 각국의 우려

2015년 연두 기자회견에서 아베 신조 총리는 8월 15일에 전후 70주년 담화를 발표하겠다고 말했습니다. 본래대로라면 그 일 자체는 별로 놀라운 일이 아니었습니다. 하지만 각국은 일제히 우려의 목소리를 높였습니다. 왜냐고요? 아베는

2013년 국회에서 도쿄재판이 "승자의 판단"에 의한 "단죄"라면서, 4월에는 무라야마村山 담화를 "그대로 계승하고 있는 것은 아니다", "침략의 정의는 정해진 것이 아니다" 등과 같은 답변을 하고, 한술 더 떠서 12월에는 총리 신분으로 야스쿠니 신사를 참배했기 때문입니다.

중일전쟁에서 1000만 명 이상이 희생된 중국 정부는 "일본의 지도자가 과거의 침략 역사와 관련해 어떤 대외적 신호를 보내고, 어떤 태도를 보이는지 주목하고 있다"면서 이를 즉시 견제하고, 무라야마 담화 등 "이제까지의 태도와 약속을 준수"할 것을 요구했습니다.

무라야마 담화는 1995년 무라야마 도이미치 총리가 '전후 50주년의 종전 기념일을 맞아'라는 제목으로 발표한 것으로, 아시아 국가들에 대한 침략과 식민지 지배에 대해 다음과 같은 반성과 사죄가 담겨 있었습니다.

"일본은 멀지 않은 과거의 한 시기에 국가 정책을 그르치고 전쟁의 길로 나아가 국민을 존망의 위기에 빠뜨렸습니다. 또 식민지 지배와 침략으로 많은 나라, 특히 아시아 각국의 여러분에게 막대한 손해와 고통을 주었습니다. 저는 미래에 잘못이 없도록 하기 위해 의심할 여지도 없는 이 같은 역사의 사실을 겸허히 받아들이고, 여기서 다시 한번 통절한 반성의 뜻을 표하며, 진심으로 사죄의 마음을 전합니다. 이 역사로 인한 내외의 모든 희생자 여러분에게 깊은 애도의 뜻을 바칩니다."

35년에 걸친 식민지 지배를 당한 한국 정부도 70주년 담화 관련 보도에서 "어떤 선언을 내놓는지 주의 깊게 지켜보고, 협력관계 회복을 위해 많은 노력을 하고 있다"는 입장을 냈습니다. 아시아 국가들뿐만 아니라 미국 정부도 "무라야마 총리와 고노 관방장관이 (담화에서) 보여준 사죄가 일본이 주변국과의 관계를 개선하려는 노력에 있어 중요한 하나의 장을 각인시켰다"고 재차 강조했습니다.

고노 담화란 1993년 '위안부 관계 조사 결과 발표에 관한 고노 내각관방장관 담화'라는 제목으로 당시 미야자와 수상을 비롯한 정권의 중추부에서 집단 검토를 거친 뒤 발표한 견해입니다. 여기에는 다음의 문구가 포함되었습니다. "위안소는 당시 군 당국의 요청에 따라 마련됐으며, 위안소 설치, 관리 및 위안부 이송에 관해서는 옛 일본군이 직간접적으로 관여했다. 위안부 모집에 관해서는 군의 요청을 받은 업자가 주로 맡았으나 그런 경우에도 감언甘言, 강압에 의하는 등 본인들의 의사에 반해 모집된 사례가 많았으며, 더욱이 관헌官憲 등이 직접 이에 가담한 적도 있었음이 밝혀졌다. 또 위안소 생활은 강제적인 상황에서의 참혹한 것이었다."

"어쨌거나 본 건은 당시 군의 관여 아래 다수 여성의 명예와 존엄에 깊은 상처를 입힌 문제다. 정부는 이번 기회에 다시 한번 출신지를 불문하고 이른바 종군 위안부로서 많은 고통을 겪고 몸과 마음에 치유하기 어려운 상처를 입은 모든 분에 대해 마음으로부터 사과와 반성의 뜻을 밝힌다. 또 일본이 그런 마음을 어떻게 나타낼 것인지는 식견 있는 분들의 의견 등도 구하면서 앞으로도 진지하게 검토해야 할 일이라고 생각한다."

무라야마 담화와 고노 담화는 개인이 멋대로 발표한 게 아닙니다. 정부의 공식 견해로서 지금도 외무성 홈페이지에 공개되어 있습니다. 70주년 담화에 대한 많은 우려의 목소리는 아베 총리가 이를 수정하지 않을까 하는 불안과 의구심에 기초한 겁니다.

야스쿠니 신사 참배의 의미

2013년 12월 아베 총리가 야스쿠니 신사에 참배하러 갔을 당시 아시아와 유럽뿐만 아니라 미국 정부도 전례 없이 강한 어조로 "실망했다"는 의사를 표명해 주목받았습니다. 외교적으로 미국에 대한 종속적 동맹을 가장 중요시하는 아베 총리에게 이는 작은 일이 아니었을 겁니다. 하지만 이후에도 총리는 2014년 8월과 2015년 4월 반복해서 '내각총리대신 아베 신조' 명의로 비쭈기나무°를 공물로 봉납했습니다. 야스쿠니 신사에 대해 그만큼 강한 고집이 있었던 겁니다. 야스쿠니 신사가 대체 어떤 곳이며, 여기에 참배하는 건 어떤 의미가 있을까요?

야스쿠니 신사는 1869년에 도쿄초혼사東京招魂社라는 이름으로 만들어진 것이 그 시작입니다. 제 근무지인 고베여학원대학 부지에는 '연희식延喜式'°°에도 등장하는 긴 역사의 오카다 신사가 있는데, 야스쿠니 신사는 이와 달리 메이지 시대에 들어와서야 만들어졌습니다. 그 목적은 옛 막부 군대와의 싸움에서 전사한 병사를 기림으로써, 막 새로 태어난 천황 정권(메이지 정부)에의 충성을 강조하려는 것이었습니다. 이것이 1879년 메이지 천황의 명령에 따라 이름이 바

° [역주] 신사 경내에 심는 상록수.

°° [역주] 헤이안平安 시대 중기인 927년에 편찬된 격식, 즉 율령의 시행 세칙.

꿰어 야스쿠니 신사가 되었습니다. 이때부터 관리도 옛 일본 육군과 해군에서 담당하게 됩니다.

야스쿠니 신사 홈페이지에는 '야스쿠니 신사의 유래'라는 다음의 내용이 업데이트되어 있습니다.

> 야스쿠니 신사는 메이지 2년(1869) 6월 29일에 메이지 천황의 뜻에 따라 세워진 도쿄초혼사가 그 시작으로, 메이지 12년(1879)에 '야스쿠니 신사'로 개칭되어 오늘에 이릅니다.
>
> 야스쿠니 신사는 메이지 7년(1874) 1월 27일 메이지 천황께서 처음으로 초혼사에 참배할 당시 읊으셨던 '나라를 위해 목숨 바친 사람들의 이름을 관동의 궁성에 두고, 성역으로 하라'는 시가를 통해서도 알 수 있듯이, 국가를 위해 소중한 생명을 바친 이들의 영령을 위로하고, 그 사적을 영구히 후세에 전한다는 목적으로 창건된 신사입니다. '야스쿠니'라는 이름도 메이지 천황께서 명명한 것으로 '조국을 평안히 한다', '평화로운 국가를 건설한다'는 바람을 담았습니다.
>
> 현재 야스쿠니 신사에는 막부 말기이던 가에이嘉永 6년(1853) 이후 메이지유신, 보신戊辰전쟁, 세이난西南전쟁,

청일전쟁, 러일전쟁, 만주사변, 지나사변, 대동아전쟁 등의 국난을 맞아 오로지 '나라의 안전'을 향한 일념으로 조국을 지키기 위해 소중한 생명을 바친 246만여 분의 신령이 신분과 공훈, 남녀 구별 없이 모두 순국 영령(야스쿠니의 대신)으로 동등하게 모셔져 있습니다.

청일전쟁 이후의 역사는 이미 앞에서 말씀드렸지요? 해외로부터 가해진 '국난' 같은 게 아닐뿐더러 '나라를 지킨다'는 구실을 대더라도 최종적으로는 소위 대동아 공영권 건설을 위한 자국 영토 확장이 목적인 침략전쟁이었습니다. 이 전쟁에서 목숨을 잃은 병사들이 여기서는 '신'으로 기려지는 겁니다. 죽으면 '야스쿠니의 신'이 될 수 있으니 안심하고 천황의 명에 따라(1890년 시행된 대일본제국헌법에는 군대와 전쟁에 관한 것이 모두 천황의 전결사항이었습니다) 전쟁터에서 죽어라. 그것은 유족들에게도 대단히 명예로운 일일 테니까. 이렇게 야스쿠니 신사는 전시 중에 사람들을 전쟁터로 내모는 종교 장치 역할을 했습니다.

이런 성격의 신사인 까닭에 실은 히로시마·나가사키 원폭이나 도쿄·오사카 등 전국에 가해진 공습으로 목숨을 잃은 민간인, 오키나와전투에서 희생된 민간인 등은 기리지 않습니다. 천황의 명령에 따라 죽은 것으로 간주하지 않기 때문입니다. 야스쿠니 신사는 전쟁에서 사망한 모든 희생자를 기리는 신사가 아니라, 천황을 위해 목숨을 내놓은 사람만을 기리는 신사입니다. 그러면서 야스쿠니 신사는 모셔진 영령들을 '현창顯彰'한다고 주장합니다. 현창이란 '극구 칭찬한다'는 의미입니다. "고이 잠드소서"라며 명복을 비는 것이 아니라, "당신들은 훌륭했습니다"라며 찬양하는 신사라는 것이죠. 1978년에는 A급 전범 14명이 영령으로 추가(합사)되었고, 이에 따라 야스쿠니는 도쿄재판에서 범죄 사실이 확정된 침략전쟁의 지도자들까지 찬양하는 신사가 되었습니다.

이뿐만이 아닙니다. 야스쿠니 신사에는 유슈칸遊就館이라는 전쟁 전시관이 있는데, 이것은 일본의 역사를 진무神武천황(기원전 660년에 즉위, 127세까지 살았다고 주장합니다)으로 시작하는 '천황 사관'으로 설명하면서(따라서 진무 이전의 조몬 시대가 존재하지 않았다고 봅니다) 메이지 이후의 모든 전쟁이 '올바르다'라는 비정상적 역사 해석(야스쿠니 사관)을 수많은 사람에게 선전하는 특이한 시설로 기능하고 있습니다.

샌프란시스코 강화조약 제11조에는 "일본국은 극동국제군사재판 및 일본 국내외의 다른 연합국 전쟁 범죄 법정의

재판을 수락함과 더불어 일본국에서 구속된 일본 국민에게 이 법정이 부과한 형을 집행하도록 한다"는 문구가 포함되어 있습니다. 전후 일본은 이 조약에 조인함으로써 처음으로 국제사회에서 부활했습니다. 그렇게 도쿄재판은 제2차 세계대전 중에 일본이 저지른 행위를 정당화될 수 없는 침략이라고 인정하는 한편, '평화에 대한 죄'에 근거해 25명에게 유죄 판결을 내린 것입니다(28명에 대한 심리가 이뤄졌지만, 도중에 2명이 병사, 1명은 병으로 사면됐습니다).

이런 사정이 있기에 일본 정부의 대표자인 총리가 일본의 수많은 신사 가운데 군이 이곳을 선택해 참배한다면 "일본은 지난 전쟁을 반성하지 않는가" 하는 비판이 세계 각지에서 강하게 제기될 수밖에 없습니다.

덧붙여서 2014년 8월 15일 '다함께 야스쿠니 신사에 참배하는 국회의원 모임'(자민당, 민주당, 일본 유신회, 차세대의 당, 모두의 당, 생활의 당 소속 의원들로 구성)은 대리인까지 포함, 총 194명이 집단 참배를 진행했습니다. 그런 역사 인식에 사로잡힌 의원들이 자민당뿐만 아니라 국회에 잔뜩 들어가 있는 겁니다.

또 2015년 4월 22일 아베 총리는 중국의 시진핑 국가주석과 일정 정도의 관계 개선을 확인하고, 시진핑 주석은 아베 총리에게 역사를 직시하는 적극적 메시지를 요구했습니다. 하지만 바로 다음 날 다카이치 사나에高市早苗 외무상 등 3명의 각료가 야스쿠니 신사로 향했습니다. 이런 행동은 아시아의 불신을 더욱 강화하는 행위로 작용합니다.

침략과 가해에 대한 반성을 꺼려온 전후사戰後史

이와 같은 일본 사회 현상의 배경에는 전후를 체험한 국민 다수가 가족을 잃고 공습의 두려움에 시달리는 등 자신의 피해 체험을 통해 다시는 전쟁을 겪고 싶지 않다고 생각하는 한편, 일본이 영토 확장을 위해 2000만 명 넘는 아시아인의 목숨을 빼앗은 침략을 직시하고 싶지 않아 명확히 반성하지 않은 전후의 역사가 존재합니다. 이것이 오늘날에도 널리 받아들여지는 것은, 주로 '패전 기념일'을 전후해 방영되는 전쟁 드라마에서 일본군이 저지른 폭력과 학대가 거의 묘사되지 않기 때문입니다.

무엇보다 일본에서는 전쟁 범죄자를 제 손으로 처리한 역사가 없습니다. 이는 유대인 말살을 국무회의에서 결정하고 600만 명을 살육한 나치 정권의 죄를 지금도 처벌하는 전후 독일과 크게 다릅니다. 침략과 식민지 지배, 위안부 문제를 포함한 비인도적 행위를 수행한 각 개인의 죄로써 구체적으로 인정한 역사가 없는 겁니다. 또한 연합국이 진행한 도쿄재판을 아베 총리가 '승자에 의한 단죄'라고 비판하는 것은 앞서 언급한 대로입니다.

그뿐만이 아닙니다. 두 번째로, 미국에 의한 군사점령이 끝난 1952년에 전쟁 범죄인의 감형(용서)을 요구하는 운동이 일어나고, 여기 동의하는 국민 서명이 순식간에 3000만 개나 모였습니다. 전쟁 범죄자를 추궁하기는커녕 오히려 용서를 요구하는 국민적 운동을 전후 일본 사회가 벌인 겁니다. 이는 침략과 가해의 죄로부터의 집단 도피일 뿐입니다.

세 번째로, 침략의 최고 책임자이자 전쟁 범죄인의 정점에 위치시켜야 할 쇼와 천황을 미국 점령군이 원만한 점령정책 수행을 위해 재판 대상에서 제외했을 때, 많은 국민이 이를 받아들인 사실이 있습니다. 결국 전후 일본 사회는 쇼와 천황이 사망할 때까지 그에게 1엔의 배상금도 물리지 않고, 단 하루도 형무소에 수감하지 않았습니다.

네 번째로, 점령군이 '포츠담선언' 실시를 포기하고, A급 전범 용의자를 무죄 석방했을 때도 많은 국민이 이를 문제 삼을 수 없었습니다.

1955년 초대 간사장으로 자민당을 만들고, 1957년 총리

(패전으로부터 고작 12년 후)가 된 기시 노부스케는 만주국을 통치한 일본 측 고위 관료의 한 사람으로, 태평양전쟁 개전 당시 도조 히데키 내각의 일원이며, 국내 노동 부족을 이유로 중국인 강제 연행과 강제 노동을 지시한 상공대신이었습니다. 또 가야 오키노리賀屋興宜는 도쿄재판에서 종신형 판결을 받았지만, 1955년 가석방되어 이후 기시 노부스케 총리의 경제고문과 외교조사회장을 거쳐 이케다 하야토池田勇人 내각의 법무상까지 역임합니다.

정치가뿐만이 아닙니다. 침략전쟁에 협력하고 이를 추진하던 수많은 재계 인사와 거대 신문 경영자(《아사히신문》, 〈마이니치신문〉, 〈요미우리신문〉 경영자가 전후 일시적으로 사임했다가 이내 복귀합니다. 〈요미우리신문〉 사주로서, 후에 정부의 원자력위원회 초대 회장을 맡은 쇼리키 마쓰타로도 A급 전범 용의자였습니다) 등이 전후에도 사회의 중심에 계속 앉아 있었습니다.

이렇듯 세계 각국이 전쟁을 불법화하고 전쟁 없는 세계를 향해 노력하는 가운데 예전의 침략전쟁을 긍정하려는 강한 충동을 전후 70년 동안이나 간직하면서 오늘날까지도 정치에 큰 영향을 미친 것은 현대 일본 사회가 안고 있는 심각한 병리라 하겠습니다.

제9화에서는 침략전쟁을 정당화하려는 힘이 일본 사회에 강하게 남아 있는 이유를 생각해 봤습니다. 여기서 잠시 앞서 언급했던 내용을 돌아보면, 제1화에서 '사회과학이란 무엇인가'를 다룬 이후 제2화부터 제9화까지는 다음 세 가지를 주제로 이야기했습니다. 첫째, '자본주의란 무엇인가, 재계가 주도하는 정치의 구조', 둘째, '대미 종속의 군사 외교, 그 연장선에 있는 전쟁하는 나라 만들기', 셋째, '전쟁의 불법화를 위한 세계의 노력과 그에 반해 침략전쟁을 정당화하려는 힘' 등이 그것입니다.

제10화에서는 이 모든 요소를 가진 일본 사회를 아베 내각과 자민당이 지향하는 그리 머지않은 미래의 사회상과 관련해 다시금 전체적으로 돌아볼까 합니다.

세 가지 문제를 해결할 필요성

제1화의 화제로 돌아가 보면, '사회과학'은 눈앞에 나타나는 사회적 움직임의 배경에 있는 '사회의 진짜 모습'을 찾는 작업과 그 현재적 성과를 말하는 것이었습니다. 제2화부터 제9화까지 다룬 세 가지 주제는 각각 독립적인 역사 검토의 성과인 동시에 오늘날 우리 눈앞에 펼쳐지는 아베 정권의 폭주와 관련해 그 진행방향을 정하고 폭주를 지탱하는 힘을 규명하기 위한 것이었습니다. 그렇다면 도대체 왜 이런 방향에 에너지가 실리는 걸까요? 현시점에서 이 문제의 해답을 찾을 필요가 있습니다.

빈곤과 격차가 큰 사회문제인데, 정부는 대기업의 법인세를 내리고 사회보장을 삭감하는 것도 모자라 소비세 증세까지 강행하고 있습니다. 여론 다수가 전력의 원전 의존에 불안을 호소하지만, 원전을 베이스 로드 전원에 위치시키고 재가동하려는 정부의 자세는 흔들림이 없습니다. 또 블랙기업·블랙아르바이트가 문제가 되는 와중에도 정부는 이러한 여론에 역행하며 '잔업수당 제로', '정규직 제로'를 향한 노동시장 만들기에 집념을 불태우고 있죠.

이러한 정치와 국민 여론과의 심각한 괴리는 도대체 어디서 오는 걸까요? 그 근저에 있는 것이 대립하는 노자관계를 축으로 개별 자본에 의한 이윤 추구를 경제활동의 원동력으로 하는 자본주의 사회의 구조와 대자본의 경영자단체(재계)에 의한 정치 지배라는 제1의 문제입니다.

그리고 '미국의 전쟁이라면 세계 어디라도 가겠다'는 집단적 자위권 행사 용인과 이를 합헌화하기 위한 헌법 개정, 나아가 몇 번이고 선거에 패배하더라도 미국 해병대(일본을 지키는 부대가 아니라 해외로 뛰쳐나가 행패를 부리기 위한 부대)에 제공할 거대 기지를 폭력을 써서라도 헤노코에 건설하려는 움직임은 패전 직후 미국에 의한 군사점령이 원형이자, 그 합법화로서의 미·일 안보체제 아래 살찌워온 대미 종속 외교 및 군사 전략에 의한 것이었습니다. 이것이 제2의 문제입니다.

이 대미 종속관계는 미국의 요구에 일본 측이 일방적으로 굴종하는 것뿐만 아니라, 미국의 요구에 응하면서 경제적·군사적으로도 일본의 대자본과 정치가들의 이익과 요구를 최대한 추구한다는 비굴한 자발성이 포함되어 있습니다. 종속 추구를 통해 '강한 나라'를 실현하겠다는 일면이 있는 겁니다.

세 번째가 침략전쟁을 긍정하는 힘이 강력하다는 문제입니다. 이와 관련해서는 제9화에서 자세히 언급한 바 있습니다. 여기서는 조금 각도를 바꿔 그런 역사 인식의 소유자가 아베 내각에 어느 정도의 비율로 포함되어 있는지 알아보도록 하겠습니다. 지표가 되는 것은 침략전쟁을 긍정하는 주의·주장을 포함한 의원연맹에 각료들이 얼마나 소속되어 있는가입니다. 몇 개나 되는 그런 의원연맹 가운데서도 단연 '노포老鋪'라 할 대표적인 단체로는 '일본회의 국회의원 간담회', '신도정치연맹 국회의원 간담회', '다함께 야스쿠니 신사에 참배하는 국회의원 모임' 등을 꼽을 수 있습니다.

2012년 12월 제2차 아베 내각 발족 당시의 각료 구성과 2014년 9월 내각 개조 직후의 구성을 확인하면, 각 의원연맹에 소속된 각료 비율이 '일본회의' 68.4%에서 84.2%, '신도' 84.2%에서 94.7%, '야스쿠니' 78.9%에서 84.2% 등으로 모두 늘었습니다.* 놀라울 정도의 높은 비율일뿐더러 심지어 현저히 상승하고 있습니다. 아베 내각의 뒤틀린 역사 인식은 아베 총리 개인에 한정되는 것이 아니라, 그 내각 전체의 공통된 측면임을 알 수 있습니다. 그런 까닭에 각자의 언동도 더욱 대담해지고, 그 결과 우려의 목소리 또한 동

---

*　'아이들과 교과서 전국네트워크21' 다와라 요시후미俵義文 사무국장의 조사.

아시아 각국에서 멈추지 않고 미국과 유럽에까지 전해지는 겁니다.

일본 사회의 표면에는 언제나 여러 움직임이 일어나는데, 저는 이상에서 이야기한 세 가지 근본문제가 모든 의미를 이해하기 위한 가장 중요한 열쇠라고 생각합니다. 다시 말해 재계 주도, 대미 종속, 침략 긍정이라는 문제입니다. 이는 문제의 성질이나 해결 방법이 무척 다르지만, 현상을 전환해 더 나은 사회로 향하는 것이라 볼 때 어느 한 가지도 그냥 지나칠 수 없는 중요한 문제입니다.

침략 긍정, 재계 주도, 대미 종속의 마찰

다음으로 이 세 가지 문제의 상호작용을 살펴보겠습니다. 이 문제들은 한편으로 서로 깊이 의존합니다. 예컨대 재계 주도에는 무기 수출 금지를 전면 해제하고, 군수산업의 수익원이 될 새로운 영역에의 점차적 확대 바람이 포함됩니다.

다른 한편으로 대일본제국의 과거를 그리워하는 침략 긍정 사상에는 해외에 강한 힘을 과시할 '군사 강국 일본'을 바라는 자세가 포함됩니다. 이 사상과 관련해서는 최근 '과거의 적국' 중국에 대한 군사적 대항 일변도의 자세가 강력한 역할을 합니다. 이는 세계에서의 상대적인 지위 저하를 일본의 군사력을 활용해 만회하고 싶은 미국의 요청과도 맞물려 '전쟁하는 나라 만들기'를 서두르는 아베 내각 폭주의 추진력으로 작용하고 있습니다.

그러나 여기에는 엇갈림과 대립의 일면 또한 포함되어 있다는 것에 주목할 필요가 있습니다. 현시점에서 주된 마찰은 침략 긍정 사상 강화와 재계 주도 및 대미 종속이라는 정치적 초점에서 나타납니다.

2013년 12월 아베 총리가 야스쿠니 신사를 참배했을 당시 야후 헤드라인 뉴스는 '일본의 경제계 충격, 미국도 비판 −한중과의 관계 개선 멀어지다'라는 표제의 기사를 보도하면서 재계 관계자의 곤혹스러운 목소리를 다음과 같이 소개했습니다.

특히 경제계는 경제 재생을 최우선으로 내걸고, 지론인 헌법 개정과 역사 인식 재검토 등을 당분간 봉인해줄 것을 요구, '아베 총리도 이해하고 있다'(일본경단련 간부)고 낙관했던 만큼 '총리의 참배에 따라 한·중과의 관계 개선이 미뤄지면, 일본 경제의 앞길에 적잖은 차질이 빚어질 것'(대기업 간부)이라며 표정이 어두워졌다.

현재 일본의 최대 무역 상대국은 중국이며, 그 중요성은 앞으로도 점점 더 높아질 겁니다. 따라서 그 관계를 심화하는 것은 일본 재계로서도 중요한 과제로 부각되고 있습니다. 예컨대 일본경단련 의견서('통상전략의 재구축에 관한 제언', 2013년 4월)는 동아시아 역내 포괄적 경제동반자협정 RECP을 구축하고, "대중시장 액세스 개선은 일본에 중요하다"면서 중국과의 경제교류 심화의 필요성을 강조했습니다. 또 일본경단련 국제경제본부가 2015년 1월 29일 발표한 '경제 외교의 바람직한 방향에 관한 설문' 결과를 보더라도 '경제 외교 추진 및 관민 연대의 관점에서 아베 정권이 매달려야 할 과제'에 대한 해답에서 TPP 추진과 인프라 해외 전개 정비 등을 위한 '근린 국가들과의 외교관계 안정화'가 첫 번째로 꼽혔습니다.

한편 종속의 상대인 미국과의 사이에서도 관련 마찰은 일어나고 있습니다. 중국을 견제할 힘을 확보하기 위해 한국, 미국, 일본의 연대를 추구하는 미국은 아베 총리의 야스쿠니 신사 참배와 위안부 문제와 관련한 일본 정부의 태도가 장애로 작용하는 것에 초조함을 감추지 못하고 있습니다.

2014년 4월 동아시아를 순방하던 오바마 미국 대통령은 아베 총리와의 대담 직후 한국으로 건너가 일부러 위안부 문제를 거론하면서 "심대한 인권침해다. 전쟁 중의 사건이라고는 하지만 충격을 받았다", "(피해자들의) 주장은 귀 기울일 가치가 있으며, 존중되어야만 한다"고 말했습니다. 세 나라의 연대가 생각처럼 쉽지 않은 것이 일본 정부의 뒤틀린 역사 인식 때문이라는 이해입니다.

또 미국은 중국과 일본의 대립이 심각해지는 것을 바라지 않으며, 일본과 더불어 중국과의 군사적 긴장관계로 진입하는 것은 전혀 고려하지 않습니다. 미국으로서도 최대의 무역 상대는 중국이며, 앞으로 점점 더 경제적·정치적 지위가 높아질 중국을 미국이 허용할 수 있는 범위 안에서 어떻게 조절해갈 것인가에 대중 외교의 근본적인 관심이 있기 때문입니다.

아베 총리는 2015년 4월 미국의 상·하원 합동연설에서 제2차 세계대전에 대해 '통절한 반성'을 이야기했지만, 자신의 속내 변화를 표명한 것이 아니라 미국을 비롯한 국제사회에 대한 '배려'를 언급함으로써 표면적으로 얼버무리려는 말이었습니다.

이런 마찰이 있는 가운데서도 지금의 자민당은 이를 어떻게든 숨기고 국내외적으로 두말하면서 거대 언론을 끌어들여 침략 긍정의 경향을 숨김없이 드러내고 있습니다.

사실 2006년 제1차 아베 정권 당시에도 같은 마찰이 있었습니다. 전임인 고이즈미 준이치로 총리가 매년 야스쿠니 신사를 참배했던 까닭에 중국과 일본의 관계는 정상회담도 불가능할 정도로 냉각되었습니다. 당시 일본경단련의 오쿠다 히로시奧田碩 회장은 고이즈미 총리에게 야스쿠니 신사 참배 자숙을 요구했고, 같은 요구를 한 미국의 부시 대통령은 고이즈미 총리 의사에 변함이 없음을 확인한 후 "포스트 고이즈미는 야스쿠니 신사에 가지 말라"면서 후계 총리에게 압력을 가했습니다. 그 결과 아베 총리는 임기 중에 야스쿠니 신사를 참배하지 못했습니다.

또한 중국의 위치를 '잠재적 적국'에서 '건설적 파트너'로 바꾼 부시 정권의 정책 전환도 있었던 까닭에 미국 의회는 위안부 문제 해결을 요구하는 결의를 되풀이했습니다.

일본 정부는 … 세계에 '위안부'로 알려진 젊은 여성들에 대한 성적 노예제를 강요한 일본 황군의 강제 행위에 대해 명확하고도 애매함 없는 형태로 역사적 책임을 공식 인정하고 사죄하며 받아들여야 한다.(2007년 7월 하원)

그런 가운데 2007년 여름 참의원선거에 신헌법 제정을 제1 공약으로 내걸었던 아베의 자민당은 역사적인 참패를 기록합니다. 이런 내외의 역풍 속에서 아베 총리는 1년도 안 되어 정권을 내놓았습니다. 당시 국내에서 큰 역할을 한 것은 '9조회'(2004년 발족)를 비롯한 많은 헌법 수호 단체를 중심으로 헌법이 위험하다면서 이루어진 국민적 노력이었습니다.

돌이켜 보면, 지금은 그때보다 정부에 행사하는 재계의 영향력이 약해진 듯합니다. 아베노믹스 추진에서는 일체적 노력이 얼마든지 가능하지만, 침략 긍정 움직임을 억제하는 데는 무척이나 어중간한 모양입니다.

또 아베 총리 나름대로 1기 때의 실패를 교훈으로 활용하려는 생각도 있는 것 같습니다. 국내에서는 "'일본이 국가적으로 성노예화를 했다'는 중상이 지금 국제적으로 나돌고 있다"(2014년 10월)고 흥분하면서, 해외를 향해서는 "21세기는 여성의 시대"라는 말을 반복하는 등 국내외를 철저하게 구분하는 이중적 태도를 취하고 있으며, NHK 경영위원회뿐만 아니라 거대 언론 경영진, 때로는 정치 해설위원까지 함께 식사모임을 가지며 미디어를 적으로 돌리지 않는 노력을 거듭하고 있습니다.

그 과정에서 지금의 자민당 정권은 미국과 재계와의 마찰을 어떻게든 조정하면서 침략 긍정을 강화하는 사상을 후퇴 없이 밀어붙이고 있습니다. 이러한 방향은 당의 정치 이념을 소위 '일본다운 일본의 보수주의'로 정리한 2010년 자민당 신강령新綱領과 2012년 발표한 '일본국헌법 개정 초안(개정안)'에 나타나 있습니다. 요약하면 자민당이 지향하는 근미래상近未來像은 다음의 여섯 가지 특징이 있습니다.

① 대외적으로 일본을 대표하는 '원수'를 총리가 아닌 천황으로 정하고, 나아가 천황의 헌법 존중·옹호 의무를 제외함으로써 이 나라를 천황 중심 국가로 한다.

개헌안 전문은 "일본국은 긴 역사와 고유의 문화를 가진 국민 통합의 상징인 천황을 모신 국가", "일본 국민은 좋은 전통과 우리의 국가를 끝없이 자손에게 계승하기 위해 이 헌법을 제정한다"고 되어 있습니다. '모신다'는 것은 머리 위에 둔다는 의미로, 다시 말해 천황이 국민과 격이 다른 상위의 존재라는 겁니다. 그리고 이것이야말로 '이 헌법을 제정하는' 목적이라 명기하고 있습니다.

그리고 제1조에서 "천황이 일본국의 원수"라면서 제102조의 헌법 존중·옹호 의무로부터 천황과 섭정을 제외하도록 했습니다. 즉 천황을 헌법에 의한 나라 만들기의 방향 설정으로부터 자유롭게 행동할 수 있는 '원수'로 삼는다는 겁니다. 다만 즉시 보충해야 할 것은 현재의 천황이 그러한 나라 만들기를 원하지 않는다는 점입니다. 천황은 발언 기회가 있을 때마다 일본국헌법의 중요성을 언급하며, 아베 내각이 집단적 자위권의 행사 용인을 국무회의에서 결정(2014년 7월)한 다음 달에 있었던 '전국 전몰자 추도식'에서도 "국민들의 쉼 없는 노력으로 오늘날 일본의 평화와 번영이 쌓아올려졌다"고 지적하는 한편, "역사를 돌아보고, 전쟁의 참화가 다시 되풀이되지 않기를 절실히 기원한다"고 이야기한 바 있습니다.

아울러 2015년 연두에 발표한 소감에서는 만주사변 역사로부터 얻은 교훈에 대해 "올해는 종전 70년이 되는 해입니다. 많은 분이 돌아가신 전쟁이었습니다. … 이 기회에 만주사변으로 시작되는 이 전쟁의 역사를 충분히 공부함으로써 앞으로 일본이 취해야 할 바람직한 방향을 생각하는 것이 현재 지극히 중요하다고 생각합니다"라고 강조했습니다.

이처럼 '전쟁하는 나라 만들기'로 나아가려는 총리와 천황 사이에는 일정한 정치적 긴장이 존재합니다. 따라서 '새로운 역사 교과서를 만드는 모임'의 전前 회장이자 아베 총리의 사적 자문기관인 '교육 재생 실행 회의'의 의원이기도 한 야기 히데쓰구八木秀次는 '헌법과 관련한 폐하의 두 발언 공표에 위화감'이라는 글에서 다음과 같이 이야기하기도 했습니다.

> 폐하가 일본국헌법의 가치관을 높이 평가하고 계신 면이 엿보인다. 지적하고 싶은 것은 폐하의 두 발언이 국민에게 아베 내각이 추진하려는 헌법 개정에 대한 우려의 표명처럼 들릴 수 있다는 점이다. *

심지어 천황조차도 무조건 존경하는 것이 아니라 자신들이 지향하는 일본 사회 만들기에 유용할 때만 존경한다는 사상이 나타나는 겁니다.

* 『정론』, 2014년 5월호.

② 전쟁 포기의 길을 버리고 미국과 함께 전쟁하는 군사 강국이 된다.

일본국헌법 전문에는 "정부 행위에 의해 다시 전쟁의 참화를 일으키는 일이 없도록", "항구적 평화를 염원하고", "전 세계 국민이 동등하게 공포와 결핍에서 벗어나 평화 안에서 생존할 권리" 등의 문구가 나오는데, 자민당 개정안에서는 이 내용이 모두 삭제되었습니다. 대신 "일본 국민은 국가와 향토를 자랑으로 삼는 기개를 가지고 스스로 지킨다"고 쓰여 있습니다. 징병제를 상기시키는 문장입니다.

또 제9조의 "육해공군과 그 밖의 전력을 보유하지 아니한다. 나라의 교전권을 인정하지 아니한다"는 삭제되었습니다. 그리고 국방군의 임무로써 일본의 독립을 지키는 것 외에 "국제사회의 평화와 안전을 확보하기 위해 국제적으로 협조해 벌이는 활동"과 "공적 질서 유지나 국민의 생명 혹은 자유를 지키기 위한 활동"이 추가됩니다. 전자는 미국과의 집단적 자위권 행사로 이어지는 부분이며, 후자는 천황을 정점으로 한 나라의 형태(공적 질서)를 지키기 위한 치안 유지 활동, 즉 군을 일본 국민에게 돌리는 것으로 이어지는 부분입니다.

③ 국민이 사회보장 등 정치의 힘에 의지하지 않고 자력으로 살아가는 자기 책임 및 가족 책임의 국가를 만든다.

개헌안 제12조는 국민의 자유와 권리에 대해 "언제나 공익 및 공적 질서에 반해서는 안 된다"고 규정합니다. 국민의 자유와 권리를 지키기 위해 국가가 있다는 양자의 관계를 역전시켜 국가, 즉 공적 질서가 허용하는 범위 안에서 국민의 자유와 권리를 누리라는 겁니다. 제13조의 행복추구권도 공적 질서에 따라 제약받게 되어 있습니다.

제14조에는 양성의 본질적 평등에 대한 규정 앞에 "가족은 서로 도와야 한다"가 삽입되고, 평등의 내용에는 "부양"이 추가로 기술되었습니다. 자기 책임의 다음에는 가족 책임, 가족 부양에 대해서는 여성도 남성도 평등하다는 것이 여성의 노동조건 개선조차 없이 요구되는 겁니다. 국민의 생존권을 지키는 국가의 역할은 점점 뒤로 밀려나고 있습니다.

전문에 적힌 "화합을 존중하고, 가족과 사회 전체가 서로 돕는 국가를 형성한다"도 국가와 사회의 '공조'를 요구하는 한편, 가족과 사회보다 국가가 상위에 있다고 암시하는 것으로 보입니다.

④ 경제 운영의 기본을 대자본·재계 최우선의 '낙수효과 경제'의 국가를 만든다.

국민 생활을 자기 책임과 가족 책임에 맡기는 것 자체가 이미 대자본의 이익을 최우선으로 하는 자민당 식의 낙수효과 이론으로 이어지는 것으로, 아울러 전문에는 "활력있는 경제활동을 통해 나라를 성장시킨다"면서 자민당 식 '경제 성장' 노선을 그대로 옮겨 놓았습니다.

⑤ 정치에 대한 국민의 불만과 비판을 힘으로 억제하는 국가를 만든다.

제21조는 "공적 질서"를 해하는 결사를 "인정하지 않으"며, 결사의 자유를 정치체제에 대한 적합성으로 판단한다고 되어 있습니다. 한편 제20조 정교분리政教分離에 대해서는 "단, 사회적 의례 또는 습속적인 행위의 범위를 넘지 않는 것에 관해서는 적용하지 않는다"면서 사실상 야스쿠니 신사 참배를 용인했습니다.

더욱 놀라운 것은 제98조 "긴급사태 선언"에서 외국으로부터의 무력 공격, 대규모의 자연재해 외에 "내란 등에 의한 사회질서 혼란"을 긴급사태(모든 법률을 정지하고, 국가의 지시에 따르도록 하는 계엄령) 선언의 주된 사례로 들고 있다는 점입니다.

⑥ 권력이 헌법으로 통제되는 국가에서 국민이 헌법으로 통제되는 국가를 만든다.

일본국헌법 제99조에는 "천황 또는 섭정 및 국무대신, 국회의원, 재판관, 기타 공무원은 이 헌법을 존중하고 옹호할 의무를 진다"고 되어 있지만, 이에 대응하는 개헌안 제102조에는 "모든 국민은 이 헌법을 존중해야 한다. 국회의원, 국무대신, 재판관, 기타 공무원은 이 헌법을 옹호할 의무를 진다"고 되어 있습니다.

헌법이 국민적 합의에 근거해 권력을 제약하는 것이라는 입헌주의 관점에서 권력이 국민을 헌법에 의해 제약하도록 한다는 관점으로의 역전, 즉 헌법을 헌법이 아닌 것으로 변질하려는 시도가 집중적으로 드러나는 겁니다.

이처럼 자민당의 개헌안은 재계가 요구하는 경제 정책을 헌법에 쓸어 담고, 미국과 더불어 해외에서의 전쟁이 가능한 나라를 지향한다는 점에서 재계 주도, 대미 종속의 중대한 요소가 포함되어 있습니다. 하지만 그와 동시에 침략 긍정 사상, 국민의 권리 부정, 야스쿠니 신사 참배라는 특정 종교(독특한 국가 신도) 및 역사 인식으로 직결된 강권적인 국가주의 색채를 강력하게 내세우고 있습니다.

여기에는 과거 자민당 고위 간부로부터도 '우익 정치'라고 비판받는 아베 정권의 특이성이 적나라하게 나타납니다. 동시에 어느 때보다 많은 국민의 비판을 불러오고 있으며, 자민당을 지지해온 보수층이나 미국 정부에서조차 경계의 목소리가 확산할 수밖에 없는 요인으로 작용하고 있습니다.

정권의 폭주를 막아낼 수 있는 국민

그럼 이런 자민당에 대한 국민의 지지는 현재 어떤 상태일까요? 최근 10년간의 국정선거에서 자민당의 득표수는 다음과 같습니다.

2005년 중의원선거 2589만 표(투표율 68%)

2007년 참의원선거 1654만 표(투표율 59%)

2009년 중의원선거 1881만 표(투표율 69%)

2010년 참의원선거 1407만 표(투표율 58%)

2012년 중의원선거 1662만 표(투표율 59%)

2013년 참의원선거 1846만 표(투표율 53%)

2014년 중의원선거 1766만 표(투표율 53%)

 2005년은 고이즈미 총리가 온 힘을 쏟은 이른바 '우정 민영화 선거'로, 여기서 자민당은 절대 안정 다수를 크게 웃도는 대승을 거뒀습니다. 하지만 2007년에는 제1기 아베 정권이 개헌을 내걸었던 선거에서 크게 패했고, 이를 전환점으로 2009년에 정권을 내줍니다. 특히 주목할 것은, 그 뒤 자민당의 득표가 정권을 잃었던 1881만 표를 한 번도 상회한 적이 없다는 점입니다.

 조금 더 시야를 넓혀 최근 각 정당의 득표 변화를 보면, 다음과 같은 특징이 나타납니다.

 2009년 2984만 표를 얻어 정권을 획득한 민주당은 2014년에는 978만 표밖에 얻지 못했습니다. 한번은 민주당에 표를 던졌던 2000만 명의 유권자가 집권당으로서의 초라한 실적 때문에 정나미가 떨어진 겁니다.

 하지만 그 2000만 명이 자민당·공명당 지지층으로 돌아서지는 않았습니다. 앞서 살펴본 것처럼 자민당 지지표는 2009년 1881만 표에서 2014년 1766만 표로 줄었고, 공명당의 경우도 2009년 805만 표에서 2014년 731만 표로 줄었습니다. 두 당을 합치면 총 189만 표를 잃은 겁니다.

그럼 민주당에 염증을 느끼고, 자민당·공명당에서도 이탈한 2200만 명에 가까운 유권자는 어떤 움직임을 보일까요? 첫 번째의 큰 흐름은 '투표를 하지 않게 되었다'는 겁니다. 2009년 69%를 정점으로 최근 투표율은 2010년 58%, 2012년 59%, 2013년 53%, 2014년 53%로 전후 최저 수준으로 떨어졌습니다. "자민·공명·민주 어디에도 기대할 수 없다", "그러니 표를 주고 싶은 정당이 없다", 또는 "더는 정치에 기대하지 않는다"라는 판단입니다.

다른 한편으로는 선거 때마다 지지 대상을 바꿔 새로운 정치를 적극적으로 모색하는 흐름이 생겨나고 있습니다. 민주당 정권이 탄생한 이듬해에는 '모두의 당'이 794만 표를 획득했습니다. 그해 민주당 지지표가 1845만 표로 줄었던 것을 보면, 유권자들이 얼마나 빨리 지지를 철회했는지 알 수 있습니다. 하지만 '모두의 당'은 그 뒤 득표수가 크게 후퇴해 결국 해산으로 내몰립니다. 2012년에는 '유신'으로 표가 몰렸습니다. 당시 득표가 1226만 표에 달했죠. 그러나 2014년 몇 개의 세력이 새롭게 합류했음에도 838만 표로 후퇴하고 맙니다.

2012년 중의원선거 직전에 결성된 '미래의 당'이 선거 직후 자취를 감춘 일이 상징하듯, 이른바 '제3극 붐'은 지극히 짧은 기간에 끝나고 말았습니다.

　그 와중에 아베 내각 탄생을 전기로 세력을 늘린 것이 일본공산당입니다. 민주당 정권 성립 직전 일본공산당 득표수는 2005년 492만 표, 2007년 441만 표였습니다. 그러다 2009년 494만 표에서 2010년 356만 표, 2012년 369만 표로 침체기를 경험합니다. 일시적인 민주당의 인기와 제3극 붐에 밀리는 형국이었죠. 그러던 것이 2013년 514만 표, 2014년 606만 표로 급속한 신장을 보였습니다.

　전환의 기점이 된 것은 2012년 선거를 통해 이뤄진 아베의 정권 탈환이었습니다. 성립 직후부터 폭주를 시작하는 아베 정권을 본 국민 사이에 '반 아베', '스톱 아베'라는 정치적 선택의 새로운 기준이 생겨났고, 이를 실현할 정당으로 일본공산당을 선택한 겁니다.

　그렇게 세력을 얻은 일본공산당이 전쟁법안 반대, 헌법 수호, 원전 제로, 소비세 증세 반대, TPP 반대, 스톱 블랙기업, 헤노코기지 이전 반대 등 많은 주요 과제와 관련해 정당을 넘어선 연대를 호소함으로써 실제로 낡은 보수와 혁신의 벽을 넘어선 공동 대처가 확산하고 있다는 점도 국민의 기대를 모으는 커다란 요인이 되었습니다.

　아베 정권의 폭주는 대단히 위험하지만, 국민은 평화와

민주주의를 지키는 새로운 정치 모색을 이어가고 있으며, 정치는 그런 주권자인 국민에게 발 빠른 성숙을 요구받는 국면에 접어들었습니다.

제11화

새로운 사회는
우리 손으로

제10화에서는 폭주하는 아베 정권의 위험성과, 정치 전환을 요구하고 새로운 정치를 모색하는 국민적 변화를 살펴봤습니다. 특히 민주당 정권 성립 이후 국정선거의 투표 동향에서 새로운 변화가 확연히 드러나고 있습니다. 여기서는 이 새로운 정치의 전망에 대해 생각해 보겠습니다. 사회 개혁의 전망 말이죠.

그때그때의 구체적인 정치 양상은 권력을 쥔 자의 의도만으로 바뀔 수 없습니다. 권력자와 다수 국민의 힘이 충돌해 변화하죠. 중요한 건 그 충돌의 초점입니다. 사람들의 생각에 따라 아무렇게나 변화하는 것도 아닙니다. 충돌의 초점, 즉 정치 변화의 방향성은 사회의 객관적인 구조에 따라 정해집니다.

인간 사회의 긴 역사를 돌아보면, '어차피 변함없는' 것이
아니라는 점이 분명히 드러납니다. "세상은 바뀌지 않는다"
라고 말하는 건 대부분 고작 몇 년이라는 짧은 기간에, 그
것도 개인적인 믿음에 불과할 뿐입니다.

일본 역사를 돌아보면, 조몬縄文 시대에는 가난했지만 독
자적인 문화가 있었고, 지배하는 자와 지배받는 자라는 사
회 내부의 분열과 대립이 없는 평등한 사회가 존재했습니
다. 인간 사회 최초에 이런 공동체 사회가 있었다는 것은
세계 각지에서 확인되는 사실입니다.

농경을 널리 정착시킨 야요이弥生 시대부터 전란이 시작됩
니다. 강한 무력을 가진 자가 약한 자들을 마을째 노예로
만드는 심각한 대립과 분열을 내포한 노예제 사회가 태어난
것이 이때입니다. 사유재산과 국가의 탄생이죠. 국가는 무
엇보다도 사회 내부의 대립을 힘으로 억누르고 외부 사회
를 굴복시키기 위한 무력을 통해 인간 사회에 등장했습니
다. 이 시대의 지배자는 천황을 포함한 귀족들입니다.

이 귀족들이 가진 무력의 핵심인 무사들이 귀족들에게
반기를 들고 토지와 농민을 손에 넣어 사회의 새로운 지배
자로 성장한 것이 봉건제 사회입니다. 이 시대는 도요토미

히데요시의 태합검지(太閤検地, 일본 전역을 대상으로 한 전답 측량과 수확량 조사) 실시를 기준으로 중세와 근세, 두 단계로 구분됩니다. 노예제에서 봉건제로의 이행기에는 교토와 가마쿠라에 두 개의 권력이 공존했습니다. 또 무사의 지배가 확립된 후에도 천황 등을 비롯한 교토의 귀족들은 지배자의 정신적·문화적 권위를 부여하는 자로서 무사의 권력에 의해 자리를 유지했습니다.

뒤이어 메이지유신을 계기로 일본은 자본주의 사회로 전환합니다. 이 시대에도 천황 주권이냐 국민 주권이냐에 따라 크게 두 개의 시기로 나뉩니다.

이렇듯 일본 사회는 열도에 탄생한 순간부터 오늘에 이르기까지 큰 변화를 반복해왔습니다. 현대 일본 사회도 그런 변화 위에 서 있습니다. 다만 사람의 인생이 수십 년 단위에 불과한 데 반해, 사회의 큰 변화는 대략 100년 단위로 일어나죠. 그런 까닭에 막부 말기부터 메이지유신에 이르는 동란과 제2차 세계대전 전후로 이뤄진 사회 격변 등 짧은 기간에 변화의 순간을 직접 살아본 사람들 외에는 그것을 실감하기가 좀처럼 쉽지 않습니다.

하지만 다시 한번 주목해 보면, 전후 70년의 세월 동안에도 적지 않은 사회적 변화가 일어났습니다.

일본이 침략전쟁에 패배하고 미국의 군사점령하에 놓인 것은 1945년이었습니다. 이후 대미 종속 국가로서 어중간한 독립을 이룬 것이 1952년의 일로, 같은 날 발효되어 전후 일본의 대미 종속을 구성한 구안보조약은 1960년에 신안보조약으로 개정됩니다. 이것이 오늘날 미국과 일본이 함께 전쟁하는 나라 만들기의 뿌리가 되었습니다.

한편 "헌법을 삶 속에서 활용하자"는 슬로건 하에 복지·교육·환경 대책에 힘을 기울이는 혁신 지자체*가 전국 각지로 확산된 것이 1960~1970년대의 일입니다. 1970년대 전반에는 일본 인구의 43%가 혁신 지자체에 살게 되었습니다. 이는 1973년 자민당 정권에 의한 '복지 원년' 선언 등 국정에도 큰 변화를 가져왔습니다. 하지만 이후 재계의 강한 반발과 그에 부응한 자민당·공명당의 간교, 사회당의 변질(1980년) 등으로 각지의 혁신 지자체가 붕괴해버렸습니다.

경제 분야에서 일어난 변화를 보면, 전쟁으로 인한 폐허로부터 부흥을 거쳐 유례없는 고도 경제 성장이 시작된 것이 1955년의 일입니다. 그로부터 15년을 넘는 장기 성장 속

---

* [역주] 일본공산당, 사회민주당(당시에는 일본사회당) 등 혁신세력이 수장인 지자체.

에서 일본은 대번에 미국의 뒤를 잇는 자본주의 세계 제2의 생산 대국으로 변신합니다(1968년 서독을 뛰어넘어 GNP 제2위로). 그러나 1970년대 중반의 심각한 공황을 기점으로 저성장 시대에 돌입하면서 생산의 '합리화'(구조 조정과 하도급 기업에 대한 갑질)에 따른 인건비 억제를 추진력으로 삼아 구미 지역으로의 수출을 급격히 확대했고, 이것이 1985년 '플라자 합의Plaza Accord'*로 엔고 유도를 초래합니다.

엔고에 의한 수출 제한을 구조 조정 강화로 극복하고, 여기에 다시 엔고를 뒤집어씌우는 악순환이 진행되었습니다. 국내 소비력 위축과 미국의 압력에 경제 금융화와 공공사업비 확대 등으로 버블경제가 시작(1986년)되어 1990년대 이후부터는 '헤이세이平成 대불황'에 돌입합니다. 이 동안 '제네콘**국가'에서 '글로벌 국가'로 재계의 전략 전환이 이뤄져 여기 대응하는 구조 개혁이 격차와 빈곤을 확대해갔습니다.

이 동안의 정치를 1955년 창당부터 거의 일관되게 담당

---

* [역주] 미국의 달러화 강세를 완화하려는 목적으로 미국, 영국, 독일, 프랑스, 일본의 재무장관들이 뉴욕의 플라자호텔에 모여 맺은 합의.

** [역주] General Construction, 종합건설을 의미한다.

해온 것이 자민당입니다. 그러나 자민당의 유권자 대비 득표율은 1970년대부터 현재에 이르는 동안 절반으로 줄었습니다. 그 정치의 기본 특징이 재계 주도, 대미 종속, 침략 긍정이었던 겁니다. 권력과 국민 간 힘의 충돌 초점이 바로 여기에 있습니다.

재계가 주도하는 구조 개혁, 아베노믹스, 성장 전략 추진, 미군기지 건설 강행, 미국과 함께 해외에서 전쟁하는 나라 만들기, 침략 긍정으로 인한 국제사회에서의 고립, 국민 억압형 국가 만들기. 이 모든 것에 일본 국민은 불안과 위협을 느끼고 있습니다. 그리고 새로운 정치를 모색하고 있습니다. 이것이 본격적으로 구체화된 것이 2009년 이후의 일입니다. 그렇다고 해도 그 모색이 명확한 사회 변화로 이어지는 데는 일정한 정치적 체험이 수반된 국민적 성숙(정책에 대한 이해의 성숙과 다수자를 형성하는 연대의 성숙)이 필요합니다.

"자민·공명당 정치에 싫증나서 민주당 정권을 만들어 봤다", "그랬는데도 도움이 되지 않아 다음에는 '제3극'에 기대를 걸어 봤다", "그러다가 개혁에 의욕이 강한 것 같아 다시 '유신'에 기대를 걸었다"와 같은 단기간의 변화 모색은 그 판단의 맞고 틀림에 대한 논의를 포함해 중요한 의미가 있는 국민적인 정치 체험입니다. 오사카부 지사와 오사카시 시장을 '유신'에 맡겼던 오사카 시민들은 '오사카도 구상'(실제로는 오사카시 해체 구상)을 둘러싼 주민투표(2015년 5월)에 이르러 더는 힘을 실어주지 않았습니다. 바로 이 지점에 오사카 시민들의 체험과 논의의 성과가 반영된 겁니다.

이런 혼란을 '막막함'이라 부를 수도 있겠지만, 이런 현상 속에서도 다음의 변화를 위한 준비가 축적되기 마련입니다. 예컨대 자민당 정권에서 민주당 정권으로 옮겨갔다가 다시 자민당 정권으로 향하는 외관상의 퇴보 아래 국민이 어떤 새로운 모색을 시도했는가와 관련해서는 이미 제10화에서 다룬 바 있습니다.

아베 내각은 2016년에 개헌안을 발의하고 싶다는 입장입니다. 그런 권력과의 충돌 속에서 국민은 권력을 제어하는 주도자로서의 역량을 점차 키울 수 있을 겁니다. 그런 의미에서 오늘날 일본 사회는 위험과 새로운 정치로의 급속한 전환 가능성을 동시에 안고 있습니다.

다수의 합의로 단계적 개혁을

그럼 새로운 사회를 이끄는 정치는 도대체 어떻게 만들어

질까요?

정치 변화에는 크고 작은 여러 규모의 차이가 있습니다. 우리 눈앞의 정치를 생각해도 아베 내각에 의한 개헌 시도를 중지시키는 것과 아베 내각을 쓰러뜨리는 일, 자민당 정권을 쓰러뜨리는 일은 각기 다른 문제입니다. 개헌을 멈추게 하는 것은 아베 내각이 존재하는 상황에서도 가능합니다. 개헌 저지 노력은 개헌 이외 분야에서 아베 내각을 응원하는 사람과 손잡는 것도 가능합니다.

그러나 아베 내각을 쓰러뜨리려면, 아베 내각을 응원하는 사람과는 손을 잡을 수 없습니다. 다만 자민당에 애정을 갖고 그 입장에서 아베 정치를 비판하는 자민당 지지자는 예전의 고위 간부까지 포함해 잔뜩 있기 때문에 그런 사람들과는 폭넓게 손잡는 일도 가능할 겁니다.

아울러 자민당 정권을 쓰러뜨리려면, 이번에는 자민당을 응원하고 기대를 거는 사람들과는 손잡을 수 없게 됩니다. 하지만 그 경우에는 자민당 정권을 대신하는 새로운 정권의 전망이 확실해질 테니 그 내용을 보고 자민당 지지를 철회하는 사람도 많아질 수 있겠죠.

이런 변화는 모두 국민 다수의 합의에 기초해 이뤄집니다. 그때그때 다수자의 합의에 기초해 진행한다는 것은 정치의 변화가 언제라도 다수자의 합의가 가능한 범위에서만 진행될 수밖에 없다는 의미이기도 합니다. 즉 급속한 변화의 시기와 막막한 시기의 차이가 있더라도 어느 쪽이든 변화의 과정이 점진적이고 단계적이라는 말입니다.

이는 단지 정권에 관한 문제만은 아닙니다. 재계 주도, 대미 종속, 침략 긍정과 같은 현대 일본의 세 가지 문제의 개혁과 관련해서도 마찬가지입니다.

예컨대 '침략 긍정'의 입장인 사람이라도 "고노·무라야마 담화를 부정하는 70주년 담화는 무익하다", "지금은 총리와 관료에 의한 야스쿠니 신사 참배를 삼가는 게 좋다"는 판단을 내리는 사람이 있을 겁니다. 그런 판단을 하는 사람은 재계에도 적잖이 있습니다. 그렇게 하지 않으면 성장하는 아시아 경제와의 관계를 심화할 수 없고, 미국의 강한 비판을 피할 수 없을 테니까요.

'대미 종속'과 관련해서는 미·일 군사동맹이 중요하다는 사람 중에서도 "헤노코 기지 건설은 지나치다"는 사람이 많을뿐더러 "자위대는 지금까지 그래왔던 것처럼 전수 방위만 담당하면 된다"든가 "평화 유지 활동에는 공헌해야겠지만, 미국의 전쟁에 가담할 필요는 없다"는 사람도 꽤 있지 않을까요?

'재계 주도'도 마찬가지입니다. 경제 활성화를 위해 대자본의 이익 확대가 필요하다는 사람이라도 "오늘날 일본의 격차 문제는 심각하다", "불법적인 블랙기업이 있어서는 안 된다", "소비세를 10%로 높이면 경제가 무너진다"는 의견을 가진 사람 역시 많을 겁니다.

나아가 이런 각각의 이슈와 관련해, 이를테면 야스쿠니 신사 이외에 모든 전몰자 위령시설을 만들어(야스쿠니는 천황의 명령에 따라 전사한 사람밖에 기리지 않는 시설이니까) 총리는 그곳만 참배하도록 한다든가, 일본에서 미군기지를 전면 철수하기 위해 미·일 안보조약을 폐기한다든가(절차는 조약 10조에 명기되어 있습니다), 국민 생활 향상을 최우선으로 하기 위해 대자본의 경영 자유를 대폭 제한하는 등 보다 근본적인 개혁 방책을 합의하는 미래도 가능할 겁니다.

하지만 눈앞의 변화보다 더 큰 개혁을 전망하는 사람들도, 작은 변화 이상의 새로운 변화를 전망하지 못하는 사람들도, 그때그때 손잡을 수 있는 범위에서 다수의 합의를 이루어 그 합의 범위에 따라 사회를 단계적으로 바꿔갈 수밖에 없습니다. 정치 개혁이란 그런 노력이 쌓여 이뤄지니까요.

변화를 서둘러서 합의를 넘어선 개혁을 실행하면, 사회

내부에서는 그런 흐름에 역행하는 새로운 힘이 형성되고 수많은 혼란이 빚어집니다. 사회를 안정적으로 바꾸려면, 다수의 합의에 근거한 단계적 개혁이라는 길을 통할 수밖에 없습니다.

정치의 전환에는 특정 주제와 관련한 시민운동이나 노동운동의 고양뿐만 아니라 직접 정치를 바꾸려는 운동이 반드시 필요합니다. 예컨대 "원전 없는 일본을 만들고 싶다", "블랙기업을 없애고 싶다" 등의 합의가 이뤄진다면, 국민 사이에 그 합의를 실행할 정치를 만드는 힘이 요구될 겁니다. 어떤 정당에 어떤 영향력을 행사하며, 어떤 정당을 지지할 것인가. 또는 어떤 정당 간의 연대를 요구할 것인가 등을 냉정하게 판단하고 행동하는 주권자로서의 성숙이 요구된다는 이야기입니다.

그런 의미에서 자본주의 사회 발전은 항상 사회의 주인 공인 국민의 성장을 토대로 합니다. 사회 발전이란 무엇보다 주권자 자신의 성장을 말하며, 사회의 단계적인 발전 또한 주권자인 국민의 단계적인 성장에 부응해 이뤄집니다.

제12화

자본주의 아닌
미래 사회를 상상하다

제11화에서는 당면한 우리 사회의 개혁에 관해 생각해 봤습니다. 그때그때 다수자가 합의할 수 있는 범위에서 점진적, 단계적으로 평화와 민주주의를 성숙시키는 것이 기본이라고 말씀드렸습니다.

　이번에는 개혁의 전망을 좀 더 크게 잡아서, 자본주의 이후의 미래 사회를 생각해 보겠습니다. 지금껏 큰 변화가 있었던 것과 마찬가지로, 사회 발전은 현재의 정권 타도나 자본주의의 민주적인 개혁 범위에만 머물러 있을 수 없습니다. 사회적 합의란 그 이후에도 더 멀리 나아가야 하기 때문입니다.

제가 젊은 시절에 배운 철학에는 "발전에는 두 가지 종류가 있다. 하나는 기존에 존재하는 것 안에서의 발전, 다른 하나는 기존에 존재하는 것과는 다른 것으로의 발전이다"라는 멋진 말이 나옵니다. 이 이야기를 적용할 때 제11화의 주제가 자본주의 내부 발전에 관한 이야기였다면, 여기에서의 화제는 자본주의에서 그 이외의 사회로 발전해가는 것에 관한 이야기입니다.

애초에 자본주의란 어떤 사회였을까요? 공장과 원재료, 커다란 빌딩 등과 같은 생산수단을 소수의 자본가가 소유하고(사적 소유), 일하는 에너지(노동력)를 시간을 정해 파는 노동자들을 고용해 생산수단과 결합, 상품이나 서비스를 생산하고 판매하는 것을 경제의 근본으로 하는 것이었습니다. 그 결과 자본주의 경제의 원동력은 각각의 자본가(경영자와 대주주들)에 의한, 자신들의(사적인) 돈벌이 추구가 되었습니다.

제11화에서 다룬 재계 주도, 대미 종속, 침략 긍정이라는 세 가지 문제와 관련해 이야기하면, 침략전쟁 미화를 멈추게 하는 것이나 일본이 미국의 기지 국가라는 현실을 벗어나는 것은 이런 자본주의의 근본을 바꾸지 않고는 불가능한 일이었습니다. 하지만 나치 독일의 범죄 행위를 엄격히 추궁하는 독일도, 1992년까지 모든 미군기지를 철거한 필리핀도, 자본주의에서 벗어난 건 아닙니다.

재계 주도의 전환 역시 노동자의 노동조건, 세금, 사회보장제도 등의 변경이 일어난다 해도 자본가가 노동자를 고용하고 임금을 받는 노동자가 일한다는 노자관계 자체의 변경을 즉시 필요로 하는 건 아닙니다. 국민의 생활이 제일이라는 수많은 사람의 바람에 부응하는 정치는 자본주의의 틀 안에서도 시작할 수 있으며, 상당한 단계로까지 진보를 이룰 수 있습니다.

자본가를 위한 경제에서 모두를 위한 경제로

그러나 이 세 가지 문제를 개선하더라도 사람들이 바라는 사회 발전은 거기서 딱 멈추지 않습니다. 더욱 풍요롭고 살기 좋은 사회를 만들 수는 없을까? 더욱 안전하고 안정된 미래를 보장하는 사회를 만들 방법은 없을까? 그런 바람이 확대되는 데 한계란 없기 때문입니다.

이때 사회 개혁의 큰 과제로 떠오르는 것이 "이대로 영원히 자본주의인 채로 좋은 걸까?" 하는 문제입니다. 이 시점에서 이미 재계 주도의 정치는 전환되고, 정부의 경제 정책은 국민 생활의 충실화를 제1 과제로 하는 민주적 형태로 바뀌었습니다. 그러나 민간의 자본이 자신들의 돈벌이(사적인 이윤)를 추구하고, 서로 경쟁하는 관계 그 자체가 바뀐 건 아닙니다. 인건비를 가능한 한 낮추려는 충동, 돈만 벌 수 있다면 뭐든 팔아보려는 충동, 정치를 자신들에게 유리한 방향으로 매수하려는 충동 등이 결국 고개를 들 수밖에 없습니다.

민주적인 경제 운영을 추구하는 정치는 이것을 어떻게든 억제하려 하겠지만, 자본은 언제나 그 손에서 빠져나가려 합니다. 이러한 양자의 악순환을 바라보며 대다수 국민이 "언제까지나 자본주의여야 할 필요가 있을까?"라고 생각하게 되는 단계가 온다는 겁니다.

이 문제의 해결 방향에 대해서도 사회과학은 이미 일정한 전망이 있습니다. 현대 일본이 자본주의로 유지되는 근본에는 소수자에 의한 생산수단의 사적 소유가 있습니다. 이 공장과 건물은 내 것, 이 회사는 내 것, 이런 자본가가 생산수단을 자기 것으로 취함으로써 '내 돈벌이를 위한 경제활동'이 일어납니다. 이는 자본주의 경제 발전에서 활력의 근원인 동시에 블랙기업의 만연과 같이 제어할 수 없는 극단적 사례의 근원이기도 합니다.

여기서 문제 해결을 위한 제안으로 떠오르는 것은 생산수단의 소유자를 개인에서 '사회'로 바꾸면 어떨까 하는 겁니다. 그렇게 함에 따라 경제생활의 목적을 '개인의 돈벌이 추구'에서 '사회의 모두를 위한 이익 추구'로 전환하는 것이 가능하지 않을까 하는 거죠. 마르크스는 이 전환을 '생산수단의 사회화', 혹은 '생산수단의 사회적 소유 실현'이라 불렀습니다.

이러한 경제관계의 전환은 사회 전체에 커다란 변화를 가져올 겁니다. 우선 '나를 위해 당신이 일한다'라는 자본가와 노동자 간의 사회적 분열과 대립이 사라집니다. 그 대신 '모두를 위해 모두가 일한다'라는 연대와 협력이 경제 영역에서 인간관계의 근본에 자리잡게 됩니다. 재계와 노동자의 이해 충돌이 해소되면, 정치 분야에서도 주된 과제가 사회 구성원 전원에 의한 사회의 민주적 관리, 자치적 관리 방법과 내용 탐구로 이동하게 됩니다.

모두의 노동 성과를 헛되게 하지 않는다는 의미에서 낭비 없는 경제 사회 만들기에도 제대로 임할 수 있을 테고, 지속 가능한 사회를 위한 자연과 인간 사회와의 조화에 대해서도 사적인 이윤 추구에 방해받지 않고 진지하게 논의할 수 있겠죠.

이런 사회에서는 노동시간 단축이 큰 사회적 과제로 떠오를 수밖에 없습니다. 자본주의 아래서는 사적 이윤의 원천인 노동을 노동자에게 얼마나 많이 시킬 수 있는지가 자본가들의 큰 관심사지만, 모두를 위한 가치를 본질로 하는 경제 사회에서는 '인간이 경제를 위해 있는 것이 아니라 경제가 인간을 위해 있다'는 사고가 기본이 됩니다. 그런 사고 방식에 따라 생활의 풍요를 위해 필요한 생산물은 어느 정도이며, 이를 위해 필요한 노동시간은 어느 정도인지의 문제가 노동시간과 자유시간과의 균형 속에서 검토됩니다. 물질적인 풍요로움은 중요하지만, 동시에 정신의 풍요로움과 사회에 속박받지 않는(모두를 위한 노동도 그 속박의 하나입니다) 자유시간 확보도 중요하니, 그 조화의 추구 또한 사회의 주요 과제로 떠오를 겁니다.

지금도 일본은 프랑스나 독일보다 연간 700~800시간이나 많이 일하는 세계 최고 수준의 장시간 노동 대국입니다. 그 결과 수많은 사람이 과로사로 목숨을 잃습니다. 매년 700~800시간이나 차이가 난다는 것은 단순히 계산해도 한 해에 250일을 일한다고 했을 때 매일 3시간 더 일한다는 겁니다. 일에 묶이지 않을 자유시간이 매일 3시간 늘어난다면, 사람들의 생활도 크게 달라지겠죠.

20세기 초 프랑스의 노동시간은 주 70시간이었지만, 21세기 초에 와서는 주 35시간으로 줄었습니다. 그동안 이뤄진 생산력의 풍요로운 발전을 자본가뿐만 아니라 노동자들도 나름 영유하게 된 겁니다. 프랑스나 독일 사회의 미래는 사람들의 노동을 더 효율적으로 관리해 사회적 풍요와 자유시간의 균형을 탐구하는 방향으로 나아갈 겁니다.

그렇게 자기 시간이 늘어난다면, 여러분의 매일은 어떨까요? 휴식, 가족과의 즐거운 시간, 영화, 독서, 스포츠, 등산, 여행, 연구, 자원봉사 등 여러 가능성이 있겠지만, 이렇게 사람들이 자유롭게 배양한 각자의 지력과 체력은 결국 노동과 경제 발전에 활용될 수 있을 겁니다. 이는 문자 그대로 미래 사회에서의 생산력 발전의 원천입니다.

자본주의의 충분한 발전에 기초해서

이러한 특징을 가진 미래의 공동 사회를 마르크스는 사회주의, 혹은 공산주의 사회라고 불렀습니다. 마르크스뿐만이 아닙니다. 부르주아혁명과 산업혁명을 통해 태어난 자본주의, 특히 경제 분야에서의 '한계'(상징은 노동자들의 빈곤이었습니다)를 초기 단계에 간파한 사람들은 마르크스보다 훨씬 빨리 이런 미래 사회를 전망했습니다. 공상적 사회주의자로 불린 생시몽Saint-Simon, 영국의 로버트 오웬Robert Owen 등이 유명합니다.

그러나 사회주의를 참칭한 소련도, 지금의 중국도 그렇게 훌륭한 사회라고는 생각할 수 없습니다. 오히려 사회주의 국가들이 자본주의보다 가난하고, 자유나 민주주의도 빈곤하며, 사람들은 정치의 강력한 힘에 짓눌려 있죠. 마르크스 등의 이상은 이미 '그림의 떡'에 불과하다는 것이 역사에 의해 증명됐다고 생각하는 사람도 많을 겁니다.

이는 큰 문제인데, 우선 생각해 보고 싶은 점은 본인이 주장하는 것과 실제 모습이 언제든 자동으로 합치하지 않는다는 것입니다.

예컨대 자유민주당이 '자유'와 '민주'를 참칭하며 비밀보호법을 시행하는가 하면, 지금까지도 강권적인 국가를 만들기 위해 개헌안을 제시하는 것에서도 알 수 있듯이, 도저히 국민의 자유와 민주를 제대로 추구하는 정당이라고 볼 수 없습니다. 반드시 '이름이 몸을 표현하는' 건 아니라는 이야기입니다. 소련은 사회주의를 표방했고, 중국은 지금도 그렇습니다. 그러나 자민당의 예와 마찬가지로, 자신들이 표방한다는 이유만으로 '저것이 사회주의'라고 믿는 건 경솔한 생각입니다.

그 나라와 사회가 사회주의인가 또는 사회주의를 향한 개혁의 도상에 있는가를 판단할 때 가장 중요한 기준은 생산수단의 사회적 소유가 어느 정도 실현되어 있는가, 사회적 분열과 대립은 얼마나 극복되고, 사람들의 연대와 협동은 어디까지 진전되어 있는가 하는 문제입니다.

그런 확실한 기준으로 검토하면, 소련은 도저히 사회주의라 말할 수 있는 상태가 아니었습니다. 생산수단은 사회의 것이 되지 않았고, 실제로 소수의 국가 관료가 운영 계획을 세워 사람들은 국가 지령에 따라 자신의 노동을 제공할 수밖에 없었습니다. 마르크스는 미래 사회를 "공동의 생산수단으로 노동하고, 자신들의 많은 개인적 노동을 자각적으로, 하나의 사회적 노동력으로 지출하는 자유로운 인간들의 공동체"로 특징지었지만, 소련 사회는 이와는 전혀 다른 사회였습니다. 현재의 중국도 "사회주의를 지향한다"지만, 그 실태는 사실에 근거한 평가가 필요합니다.

소련 사회가 어떤 사회였는지에 대해서는 많은 연구자가 지적하다시피, 스탈린이 동료 정치가와 군인들을 말살하면서 지도권을 장악하고, 토지와 가축의 소유자였던 농민의 의사와 무관하게 '강제 집단화'한 1930년에 이르러 이미 사회주의를 지향하는 정신은 완전히 사라지고 말았습니다. 이것이 레닌 시대의 진지한 탐구와 큰 차이를 보인다는 것은 수많은 논자들이 공통으로 지적하는 바입니다. 스탈린 시대의 소련은 영토 확장에도 남다른 야심을 드러냈는데, 이렇듯 국내적으로는 지령적·명령적 사회 운영, 밖으로는 타국을 힘으로 짓눌러 복종시키는 패권주의라는 사회적 양태가 스탈린 이후에도 거의 개선되지 않아 소련은 기본적으로 이런 모습에 머문 채 붕괴를 맞았습니다.

1989년의 베를린장벽 붕괴, 1991년의 소련 붕괴는 미국 정부가 발신지인 "공산주의는 죽었다", "자본주의 만세" 캠페인을 세계에 확산했지만, 자본주의가 사람들에게 가져다준 재앙의 크기로 인해 그 뒤 다시 한번 "자본주의는 이대로 좋을까?", "언제까지나 자본주의인 채로 괜찮을까?" 하는 질문이 새로운 탐구 과제로 부각되고 있습니다. 소련 사회가 무너진 건 사실이지만, 자본주의가 안고 있는 모순은 하나도 해결되지 않았습니다. 자본주의의 모순을 해결하기 위한 노력은 자본주의가 자본주의인 한 그 내부로부터 필연적으로 나타날 수밖에 없습니다.

저는 사회 발전이란 결국 자본주의를 어떻게 넘어설 것인가 하는 큰 과제와 맞닥뜨릴 수밖에 없다고 생각합니다. 다만 그런 사회 개혁은 이미 말씀드렸던 바와 같이 사회 다수의 합의에 따라 점진적이고 단계적으로 진행할 수밖에 없습니다. 자본주의를 넘어선 사회 개혁의 준비는 자본주의 틀 안에서 개혁을 거듭하는 가운데 점차 성숙합니다. 그렇게 우리 사회도 커다란 과제에 도전할 자격을 차례차례 갖춰갈 것입니다.

고베여학원대학의 이시카와 야스히로입니다.

마지막까지 읽어주셔서 감사합니다. 어땠나요? 재미있게 읽으셨어요?

이 책의 제1부는 2015년 4월 교토 학생들을 대상으로 진행한 신입생 환영 강연 원고를 대폭 정리한 것입니다. 제2부는 「민의련 의료」라는 전 일본 민주의료기관 연합회의 기관지에 "우리 사회는 어떻게 되어 있나?"라는 주제로 1년간 12회에 걸쳐 연재한 내용을 기본으로 했고요. 이 책을 준비하면서 꽤 많은 내용을 가필했습니다.

『사회과학은 처음입니다만社会のしくみのかじり方』이라는 타이틀은 4년 전에 출판한『마르크스는 처음입니다만マルクスのかじり方』의 자매편이라는 의미에서 붙인 겁니다. 두 책 모두 '더

나은 사회로의 개혁'을 생각하는 입문서로 읽어주시면 대단히 기쁘겠습니다.

　이번에도 편집은 가쿠타 마키_{角田真己} 씨가 담당해주셨습니다.

　감사합니다.

안녕하세요. 이 책의 자매편 『마르크스는 처음입니다만』에서도 옮긴이로 인사를 드렸던 홍상현입니다.

먼저, 『마르크스는 처음입니다만』에 보여주신 사랑에 저자 이시카와 야스히로 선생님을 대신해 감사 말씀을 드립니다. 촛불정국이라는 역사적 시기에 출판된 『마르크스는 처음입니다만』은 광화문 집회에 모여든 인파에 비례해 쇄를 거듭하는 기염을 토했습니다. 그 과정에서 많은 수식어를 얻었고요. "인스타그램에 가장 많이 등장하는", "10·20대 젊은이들에게 사랑받는", "커피전문점에서 가장 많이 읽는", "가로수길의 화장품 매장 디스플레이에 등장하는", "제목에 '마르크스'가 언급되는 책 중 가장 많이 팔린" 등. 지금 이 순간(2019년 6월 6일 현재)에도 인터넷서점 알라딘에서 종이책 발간 4개월 뒤에 나온 전자책이 사상가·인문학자 부문 주간 판매랭킹 2위를 기록하고 있습니다. 필설로 다하지 못할 벅찬 마음을 전합니다.

●

『마르크스는 처음입니다만』의 히트 이후 기하급수적으로 늘어난 SNS 친구들(대개 독자님들)로부터 많은 이야기를 들었습니다. "무늬만 '입문서'가 아니라 정말 쉬운 책이라서 좋다", "문면에서 느껴지는 저자의 따뜻함에 힐링된다", "캐릭터가 너무 귀여운데 책 말고 굿즈만 더 구입할 수는 없나!" 하지만 그 가운데서도 압도적으로 많았던 것이 바로 다음 질문입니다.

　"사회와 나의 관계에 대해, 어떻게 살아가야 할지에 대해 가르쳐주는 사람이 마르크스라는 건 알겠다. 그런데 그 '사회'를 어떻게 바라봐야 할까?"

　그때그때 답을 해드렸지만 충분하지 않았을 겁니다. 이유는 명확합니다. 제 어설픈 코멘트보다 2015년 8월 1일 고베컨벤션센터 국제전시장에서 이시카와 선생님의 강연을 들은 관중이 무려 1천 권을 구입해 돌아간 바로 이 책에, 현시점에서 최선이라 할 수 있는 답이 제시되거든요.

이시카와 선생님이 본문에서 말씀하시는 바에 따르면, 사회에 대한 공부는 그 안에서 어떻게 살아갈지를 고민하는 데 필수적입니다. 그럼 이 공부는 어디서부터 시작해야 할까요? 이시카와 선생님의 답은 '어디든 상관없다'입니다. 가령 오늘 점심을 함께 먹던 친구와의 대화든, 인터넷 뉴스를 읽다 떠오른 의문이든. 다만 어느 정도로 깊게 공부할지를 정해둘 필요는 있다고 강조하십니다. 그 과정에서 참고가 되는 것이 "앞서간 사람들의 지혜"이고요. 인류사에는 '사회란 무엇인가'라는 질문에 대해 많은 것을 밝혀낸 선현들이 있습니다. 특히 우리가 살고 있는 '자본주의' 사회와 관련해서는 카를 마르크스, 이시카와 선생님의 표현을 빌자면 "카를 씨 댁의 마르크스군"이 대표적 인물이라 할 수 있겠지요. 그렇게 사회의 구조나 역사의 '기초'를 파악함으로써 나름의 판단 기준을 형성하고, 자신감과 살아갈 에너지를 얻을 수 있다는 겁니다. 그것이 궁극적으로 더 좋은 사회를 만드는 결과로도 이어지고요.

◉

하지만 또 하나의 문제가 남아 있습니다.

　"그럼 그 공부를 어떻게 하지?"

'공부'라는 단어만 들어도 머리가 지끈지끈 아파오는 사람이 저를 포함해 절대다수를 차지하는 현실에서 말입니다. 그러나 안심하세요. 이 책에서 이시카와 선생님이 말씀하시는 '공부'란 '교과서나 칠판에 적어 놓은 내용을 얼마나 곧이곧대로 머릿속에 집어넣었는지 따져 등수를 매기는 일'이 아니니까요.

물론 『마르크스는 처음입니다만』에서도 어른의 공부에 대한 이야기가 나오죠. 하지만 차이가 있습니다. 자매편의 이야기가 주로 공부에 대한 '태도'의 문제에 초점을 맞췄다면, 이 책은 '내용'의 문제에 초점을 맞추고 있거든요. 물론 대단히 쉽게.

좀 더 자세하게 말씀드리고 싶지만, 이쯤에서 마무리를 지어야겠네요.

"어라, 왜 이야기를 시작하려다 마는 거야"라고요?

이 글은 어디까지나 옮긴이의 말일 뿐 본문의 요약 정리가 아니고, 그래서도 안 될 테니까요. 살짝 얍삽하다고 느껴지시더라도 너그럽게 봐주세요. 모처럼 발간한 책인데 읽어주셔야지요. ☺

『사회과학은 처음입니다만』을 번역·출판하는 과정에서 저는 한국과 일본 두 나라의 많은 분에게 신세를 졌습니다.

책의 번역을 허락해주시고, 진지하고 수준 높은 한국 독자님들께 당신의 학문적 관심사를 이야기하는 한국어판 서문까지 보내주신 저자 이시카와 야스히로 선생님, 언제나 가장 가까운 자리에서 형제의 무한한 사랑으로 저를 격려해주시는 다도코로 미노루田所稔 신일본출판사 대표이사 사장 겸 편집장님, 평생의 은인이자 존재만으로 큰 힘이 되는 의형義兄 시미즈 다카시淸水剛 도쿄대학대학원 종합문화연구과 교수, 제가 소개하는 책들을 언제나 한국의 독자들을 위해 최적화된 '멋진 신간'으로 재창조해주시는 나름북스의 김삼권·조정민·최인희 자랑스러운 세 동지들, 소중한 친구이자 동업자이며 헌신적 우정으로 저를 이끌어주는 양헌재良獻齋 서재권 대표, 꿈을 공유하는 동료이자 여러 면에서 많이 다르지만 바로 그렇기 때문에 늘 새롭고 없어서는 안 될 친구 〈뉴스톱〉 김준일 대표, 업무뿐만 아니라 인간적으로도 든든한 조력자 역할을 마다하지 않으시는 송영훈·지윤성 두 이사님, 새로운 세계를 열어주신 "홍상현의 인터뷰" 독자님들, '별난 친구'를 묵묵히 지켜보며 아낌없는 도움을 주는 고마운 친구 〈경향신문〉 국제부 김재중 차장, "사회과학 전문 번역자"라는 이름을 붙여주시고 프로모터 역할을 도맡아주신 주간경향부 정용인 선배님, 최근 하루 24시간을 통틀어 가장 많은 대화를 나누는 부천국제판타스틱영화제 김봉석 프로그래머, 『마르크스는 처음입니다만』을 출판할 당시부터 학문적·인간적 상담역으로 절대적인 도움을 주신 아주대학교 노명우 선생님, 마지막으로 이 책의 실질적 주인인 한국과 일본 두 나라의 출판노동자 여러분께 이 지면을 빌어 진심어린 감사의 마음을 전합니다.

사회과학은 처음입니다만

2019년 9월 27일 초판 1쇄 발행

지은이	이시카와 야스히로
옮긴이	홍상현
편집	조정민
디자인	이경란
인쇄	도담프린팅
종이	타라유통

펴낸곳	나름북스
펴낸이	임두혁
등록	2010.3.16. 제2014-000024호
주소	서울 마포구 월드컵로15길 67 2층
전화	(02)6083-8395
팩스	(02)323-8395
이메일	narumbooks@gmail.com
홈페이지	www.narumbooks.com
페이스북	www.facebook.com/narumbooks7

ISBN 979-11-86036-49-5 03300
값 15,000원

이 도서의 국립중앙도서관 출판예정도서목록(CIP)은 서지정보유통지원시스템 홈페이지(http://seoji.nl.go.kr)와 국가자료종합목록 구축시스템(http://kolis-net.nl.go.kr)에서 이용하실 수 있습니다. (CIP제어번호 : CIP2019032189)